残酷人生論

池田晶子

あるいは新世紀オラクル

残酷人生論——目次

4 人生を、窮屈にしないために——自由と善悪

5 信じること、疑うこと——「神」と宗教

6 人生最高の美味を考える——死とは何か

思い悩むあなたへ

生き方がわからない、死に方がわからないと思い悩む人々よ、あなたは生きることの何を、死ぬことの何を、あらかじめ信じていたというのか。生きるに甲斐あり、死ぬに甲斐ある、そのように求められる生き死にの形とはしかし、そのように求められるそのことにおいて、十分に凡庸なものではないのか。

詳《つまび》らかに語ろう。

科学の最先端において物質が揺らぎ始めている。「物質」という概念が物質という「概念」であったということに、人々が気づき始めているのだ。素粒子は波、遺伝子は情報、大脳は意識、すなわち、かく在る我々の肉体とこの宇宙とは、それらを物質と考えることによって物質であるような何ものかであるのだと。かくの如くの科学的認識の切っ先が、自身の喉元に向けられているのに、あなたはまだ気づかないか。あなたは、「誰」だ？　肉体という物質が「考え」であるのなら、あなたは自身の肉体によらずにあなたの「自分」を指示できるか。どのような確実さによって、あなたは「私」と発語していると考えるか。

それなら宗教。「精神世界」とあなたは言うか。精神の安息所としての精神世界、粗雑なる物質世界に対するところの精神世界と。しかし、物質を物質と考えているのが精神であるのなら、われらはことの始めより精神以外のものではなかったはずである。ならば物質を物質と信じないような精神が、精神を精神と憩《いこ》っていられるはずもない。肉体ではなく、また精神一般をも超えてゆこうとするあなたの「私」、とは誰か。

神について、あなたは神について考えたことがあるか。あの神でもどの神でもないこの神、あなたがあなたであり他の誰でもないあなたであるそのことのなぜとしての神について、だ。ひとりがひとりとしてなぜを問うそこに、教団も教理もいっさい無用だ。あらかじめの神などそこにあるはずがないのだ。ひとりで、ひとりきりで、己れの全存在によって全・存在を問い詰めてみよ。他の誰かではないあなたが居るとはどういうことか。他の誰かではないあなたが死ぬということを、あなたはうまく考えられるか。そう、「無」。絶対無、何もない、死ねば無になる、それが恐いと人は言う。しかし、考えることのできない「無」を、なぜ恐れることができるのか。

神を信じるということと、神を考えるということは、全然似ていない。信じる者は救われるだろう、信じるというそのこと自体が自らを救うのだ。そういう仕方もある。しかし、考える者は救われない、救われるということ自体を考えているのだから救われないのだ。だがそれは不幸というべきことか、否か。在ること、の意味、は信じることなのか考えることなのか、あなたはどう考える。

紀元二千年。しかし人類の歴史は数万年、生物の歴史で数億年、宇宙の誕生からは数百億年それに比べれば、というふうな物言いを私は信じない。

私はこの自分がいまここに存在するということが、どのように膨大な量であれなんらかの数量に換算し得るとは全く信じていない。宇宙の歴史数百億年は、そう考えているこの己れの頭の中に存在しているのである。生死、生死も然り。無量としてのこの自身が、生を生とし、死を死とするそのとき、それらは生死と明滅する宇宙なのである。

狂気？　我らの正気の貫徹こそがそれであるということを、あなたはまだ知らないのか？

［九四年一二月「Ｒｏｎｚａ」創刊準備号］

プロローグ——疑え

「人生論」という、むろん知ってはいたけれど、とうに忘れていた古めかしい響き、ああ、「あの」人生論――。

往年の哲学青年たちは、切なくも甘く、懊悩《おうのう》したのだった。

「人生、いかに生くべきか」

そしてまた、それらの書物は、厳《おごそ》かにも優しく、答えてくれたのだった。

「人生、かく生きるべし」

ところで、この本、新式の人生論。ああ、「あの」人生論と思って手に取ると、おや、うえに「残酷」と、ついている。「残酷人生論」。なんだ、これは。

甘くみるな

この書は懊悩の書ではない

しかしまた、慰撫《いぶ》の書でもない

何の書かというと、たんなる思考の書である。しかし、この「たんなる」の、世にいかに困難であることか、まさにあれら凡百の人生論の示すところではなかったか。

考えることは、悩むことではない

世の人、決定的に、ここを間違えている。人が悩むのは、きちんと考えていないからにほかならず、きちんと考えることができるなら、人が悩むということなど、じつはあり得ないのである。なぜなら、悩むよりも先に、悩まれている事柄の「何であるか」、が考えられていなければならないからである。「わからないこと」を悩むことはできない。「わからないこと」は考えられるべきである。ところで、「人生いかに生くべきか」と悩んでいるあなた、あなたは人生の何をわかっていると思って悩んでいるのですか。

悩むのではなく考えるということが、いかほど人を自由に、強く、するものか。

普通に人が、「悩む」という言い方で悩んでいる事柄は、内容としては、人さまざまである。人さまざまに、じつによく人は悩んでいる。しかし、その内容においていかに人さまざまであれ、その形式においてはそれらはすべて、「私とは何か」「なぜ生きているのか」「死ぬとはどういうことなのか」といった、いくつかの基本形に、必ず集約されるのである。「哲学」というものの考え方は、誰がどのように考えてもそのように考えられるという仕方で、これらの事柄を「考える」のであって、これらの事柄を難しい言葉でもって「悩む」のではない。これらの事柄を「個人の悩み」として悩むのでは決してないのだ。だからこそ人は、より自由に、より力強くもなれるのである。

右のような事柄を、考え方の筋道に沿った仕方できちんと考え、納得と確信を手にし、さらなる段階へ進むという道程は、少なくとも私にとっては、切なる悦《よろこ》びなのだった。そして、私がそうだということは、むろんほかの誰もがそうなのだと、こう思っていたのだった。ところが、なんと、人は言うのだった。

「それは、残酷だ」

ならば、私はこう言おう。考えるということは、残酷なことである。ぐずぐず悩むことに人を甘やかさない、ありもしない慰めで人を欺《あざむ》かない、人生の真実の姿だけを、きちんと疑い考えることによって、はっきりと知るということのことは、なるほどその意味では残酷なことである、と。

むろん、残酷なる真実を知るよりも、甘たるい悩みに憩《いこ》っていたい人は、そうすればよろし。人は、自分の望むようにしか生きられないというのも、これはこれでまた残酷な真実であろうからである。

ところで、真実を知ることを残酷だと言えるためには、人は、知られる真実が残酷であるかどうかを、先に知っていなければならないのではなかったか。

ただ真実を知ることをのみ希《ねが》うのなら

さらに、疑え

1

「わかる」力は、愛である

言葉と対話

「わかる」のは自分ではない

わかる
ということはどういうことなのか。
或《あ》る言葉や考えや感覚が、
わかる
ということはどういうことなのか。
人はよく言う、
「わかる人にはわかるが、わからない人にはわからない」
この同語反復によって、しかし人は明らかに何かを言い得ていると感じる。感じる
そのことが、「わかる」の核だ。あるいは人はよく、こうも言う、

「人と人とはわかり合えない」

この詠嘆調によって、しかし人は頷《うなず》き合うのだ、「そうだ、わかり合えない」。何をわかり合えないと、わかり合えたのか。これもまた「わかる」の芯なのだ。

あるとき私は気がついたのだが、人は、「わかる」という言い方で言われているところのその事態を、すでにわかっている。わかっているからこそ、何事かに関して、「わかる」「わからない」と言うことができるのだと。「わかる」が「わかる」であるということをわかっていなければ、「わからない」と言うことさえできないはずだ。すると人は、「わからない」と言うとき、自分がわかっていないというそのことに関しては、明らかにわかっていると言える。とすると、このとき人は、「わかるべき」何を、そこに想定してそう言うことができたのか。

「わかる」は、我々の思考もしくは認識の様態を指示する動詞として、最も特殊なものであると私は考える。たとえば、その五段活用形、

わからない・わかろう

わかります
わかる
わかるとき
わかれば
わかれ

において、未然形「わかろう」と命令形「わかれ」は、文法としては可能であっても、思考もしくは認識の事実としては明らかに不可能である。なぜなら、いいですか、あなたが何事かを「わからない」とわかっているとき、そのわからないことを「わかろう」と意志して、わかることができますか。あるいは、「わかれ」と命令されて、わかることができますか。

できない、これはどうしてもできないのだ。「わかる」と「わからない」の間には、意志や努力や他人の命令を拒絶する決定的な断絶がある。しかし、意志し努力し他人の命令に応じようとするところのものとは、ほかならぬ、「自分」、「自分の」

力である。ということはつまり、「わかる」という事態は、「自分の」力によるものではない、「わかる」のはじつは自分ではないということなのだ。私の言ってることと、わかりますでしょうか。

さてどうしたものか

わからないものはわからないで、いいのではないか。私はそう思う。わからないものは、やっぱりどこまでもわからないのだし、わかっていないということは、ほんとうは自分がいちばんよくわかっているのだし。わかるときが来ればわかる、来なければ縁がなかった、それでいいのではないか。本人の力ではない限り、わかることの何が偉いわけでもなし。或る人には或る言葉や考えや感覚がわかり、他のそれらはわからない。ほかの人には、それらがすべて逆だったり。私にはこの頃、

魂の体質

という妙な文句がしきりに浮かぶ。たぶんこの「魂」というのは、普通の人がそれを「自分」と思い、そう言っているところの自分ではない。

［九五年一〇月号］

意味はどこにあるのか

前項で私は、我々の思考もしくは認識のあり方には、「わかる」か「わからない」かのどちらかしかあり得ないと書いた。「わかる」と「わからない」の断絶を架橋する「わかろう」「わかれ」が不可能なのは、「わかる」のは自分、自分の意志や力によるのでないからだ、と。としたならば、

わかり合う

とはどういうことか。「わかる」のが自分でないなら、人と人とが「わかり合う」とき、では何と何とがわかり合っていると言うべきなのか。

言葉で話ができる、ということは不思議なことだ。言葉を読んでわかり、聞いて応じることができる、というのは本当に不思議なことだ。普通に人が、あの人の話

はわからないとか、あの本は読んでもわからない、と言うとき、それは、言葉の音もしくは字面を追うことはできるのだが、全体としてのその「意味」が入ってこないということである。「わからない」と言うとき人は、「意味」がわからないと言っているのだ。では、意味とは何か。

たとえば、人に何事かを「わからせよう」とするときのことを思ってみてください。人は言葉を選び、言葉を紡《つむ》ぐ。選ぶそのとき、選ぶことができるのはなぜか。それは、言葉によって選ばれるべき「意味」が先にそこに在るからにほかならない。先にそこに在る意味がわかっているからこそ、人は言葉を選ぶことができるのである。裏から言えば、わからないことについては、人は言うことができない。常に意味が先なのである。言葉よりも先にそこに、意味は在るのである。と言ったところで、

先にそこに、とは、どの先どこに

意味はどこに在るのか

たとえば古典、千年前、二千年前の古典を読んで「わかる」ということを考えてみてください。この事態において、すべてはあまりに明瞭であると思いませんか。そう、意味は、物理的時空に関係なく、いまの、ここに、在るということ。意味は、いまのここに在るからこそ、我々は過去の言葉を瞬時にわかることができるということ。これはもう驚くべきことだ。意味の宇宙は、物質の宇宙とは、明らかに別なのだ。そして、そこにおいては、物質もまたひとつの意味となる。

言葉が、宇宙を、分節する。言葉が意味を区切るのである。そのとき我々は、或る言葉についてそれを「分かる」と言う。「わかる」とは「分かる」なのである。言葉を「わかる」とは、言葉がそこから分かれてきたところの意味が「分かる」なのである。

ところで、「わかる」のは自分の力ではなかった。前項で私は、自分ではないところのそれを、「魂」という妙な言い方をしたけれども、言葉が意味をわかるそのことの力を、私はここで「言霊《ことだま》」と呼びたい。我々が言葉を読んでわかり、聞いて応じることができるそのことを言霊の力、言霊の仕業と言ってみたい。したがって、「わかり合う」のは、人ではない、言葉である。言葉同士が、わかり合うのである。言葉が意味を納得し、納得した意味を言葉により確認し、確認した言葉によって始源の意味へと共に回帰する、このような魂の稀有な邂逅のことを西洋では対話《ダイアローグ》と言う。が、東洋的沈黙《モノローグ》にそれがなかったわけではない。

人は自分を「自分」と言う。漢字でそれを「自《おの》ずから分かれる」と書く。どこから自ずから分かれてきたのか、言葉はどこから分かれてきたのか、現代の魂はその出自を忘れているだけである。

［九五年一一月号］

何を「わかる」のか

「わかる」は、我々の思考もしくは認識の様態を指示する動詞として最も特殊なものである、と私は書いた。ところで私は、「信じる」の語こそが、我々の「思う《コギト》動詞」の中で、他のコギト動詞とは決して並列にはあり得ないものであると、以前拙著の中で論じたことがある。では、「わかる」と「信じる」の関係如何?

私は、信仰はもっていないが、確信はもっている。信仰する対象は何ひとつもってないが、自身の認識について深い確信をもっているのだ。どう違うか。

尊師の言葉を信じる

と、どう違うか。違うということを、どう人にわからせることができるか。

信仰の「信」と、確信の「信」の違いを、どう人にわからせることができるか、あるとき私はわかったのだ。簡単なことだった。わからない人には言ってもわからないということが「わかる」、これが確信だ。そして、わからない人には言ってもわからないということが「わからない」、これが信仰もしくは狂信としての「信」のかたちだ。したがって、言ってもわからないとわかる人には黙っていればよい、黙っていても、わかる人にはわかるのだから、とそのように私はわかったのだ。

これはどういうことか。それが我々の「常識」だからである。「わかる」とは常識をわかることだからである。わからない人にはわからない、ということがわからないのは、それが常識をわかったのではないからで、わかったのが常識であればこそ、そのまっとうさを自他に確信していられるのである。また、自他に確信しているのだから、とくに人に強いなくてもよいわけである。

かくの如く、確信の「信」と信仰の「信」とは、根本的に違っている。確信は「わかる」のだが、信仰は「わかっていない」。ところで、確信は何をわかるのかというと、ほかでもない、自分がわかっていないということを、わかるのである。自分がまったく「わかっていない」ということを、はっきりと「わかる」、このことにおいて人は強い確信を得るのである。

ソクラテスという人が、右の事態を「無知の知」と言い、わかっていないと自身がわかっているそのことによって、わかっていると思っているじつはわかっていない人をひっくり返す方法を定式化した。さっき私は、「わかる」とは常識をわかることだと言ったけれども、それでは「常識」とは何ですか。誰にとっても当たり前で、どう考えてもそうでしかないこと、これは何ですか。

自分であること

生きて死ぬこと

これです。「常識」とはこれのことです。これには誰も異論はないと思います。ところで、これは、何ですか。

これはいったい何なのか、私にはさっぱりわからない。わからないのである。自分が自分であり、それが生きて死ぬ、この当たり前のことの何であるのか、私にはさっぱりわからないのである。そして、さっぱりわからないというそのことが、はっきりとわかっているのである。

ところが、このわけのわからないこと、わかるはずのないことを、わかったと思っているのが信仰、彼らには、「わからない」ということの凄さに耐えるだけの力がなかったのだ。前項で私は、「わかり合う」形式としての対話《ダイアローグ》について少し触れたけれども、彼らとの間に対話が不可能なのも、このためである。

対話とは、わからないもののわからなさについてわかり合う形式、そのとき、言葉が、不可知の宇宙を開く合鍵となる。

［九五年一二月号］

「わからない」から考える

私は、「わかる」とは「常識」をわかることなのだと言った。聞き慣れた言葉で言えば、その名を「分別」、気取った言い方をするならそれは、「良識《ボン・サンス》」。

オウムの人々が無分別なのは一目瞭然、では、分別「くさい」顔をしたじつはそれだけの人、これは何か。

分別くさい顔をしたただの良識派、そういう人と話をしていて、つまらないなあと私は感じる。それは彼らが、「常識」をわかりきったことと思っているからである。そう、「わかる」とは常識をわかることだと私は言った。しかし私は、「わかる」とは「わからない」とわかることなのだとも言った。無分別な狂信者との間に対話が不可能なように、分別「くさい」良識派との間でも、対話はやはり、進まない。それより先へと展開していかないのである。なぜか。

「わからない」とわかっていない

このためだ。我々の常識、すなわち、自分であるとか、生きて死ぬとか、陽はまた昇るとか、そういったわかりきったものごとが、いかに恐るべきわからないことであるかということがわかっていない、このためだ。彼らにとって「常識」とは、「社会的規範」以上を意味しないのだ。

そして、こういう人々こそがよく、ソクラテスの「無知の知」を口にする。「自分はわかっていないとわかっている」と彼は言った、我もまた然り、と。そう言って彼らは妙に安心するのだ。まさしく、これが、変なのだ。わからないものに直面して、人は、驚きこそすれ、安心する道理はないはずではないのか。

間違えるな

上がりではない、振り出しだ

「無知の知」、あれは、人類の認識の上がりではなく、常なる振り出しなのだ。そのことがわかってない。「わからない」と「わかる」からこそ、人はそれを「知ろう」と努力するのであり、わからないことさえもわからなければ、人が知ろうとして考えるなど、あり得るはずがないではないか。自然に対した科学、存在に対した哲学、なべて、未知に対した思考というものが。

分別くさいただの良識派との対話が、新たなものへと展《ひら》けていかないのは、つまり彼らは、とくに先を知りたいとは思っていないからなのである。とはつまり、わかった顔をしているが、じつはわかってないということさえもわかっていないということなのである。なあんだ、オウムと、おんなじか。

ところで、対話《ダイアローグ》とは、わからないもののわからなさについてわかり合う形式、ソクラテスにおいてそれは産婆術とも呼ばれた。教えるのではなく、引き出すのみだ、すでに在るものに気づかせるのみなのだ、と。

右、ヘーゲルという人においては弁証法と呼ばれる。そう、かの悪名高き弁証法《ディアレクティーク》、しかし彼が悪いのではない。誤解するほうが悪いのである。「弁証法的統一」とは、統一するための方法ではない。統一が先に在るからこそ、その方法なのだ。人々、そこをなかなか理解しない。しかし、統一が先に在るから弁証法とは、すでに在るものの気づきとしての産婆術に同じ、どちらもこれ、「わかる」ということそのことにほかならないのだ。弁証法的統一、例の、

正—反—合

これをオラクル流に言い換えてみると、

それ—なにそれ—あ、やっぱりね

あるいは、

それ—どうして—ほらそうでしょ

以前、私の会話の仕方が、常にそのような尋ねては再認するスタイルを取っていることを友人に指摘され、弁証法ならぬ、「でしょ法」、と笑い合ったことがある。

［九六年一月号］

わかる力は愛である

「わかる」の項は、これでおしまいです。

先日ある会合に呼ばれて行った。時節柄、宗教と精神医学の関わりがテーマである。聴衆の大半は精神分析や心理学を学ぶ学生らしく、宗教的なものごとに傾倒する心性を、病気でなければ精神類型の一タイプとして理解していることが、述べる意見からうかがえた。

ひとりの学生が異見を述べた。拙《つたな》い言葉で、どもりながら、彼はこう述べたのだ。

「しかし、人が宗教的なものごとを想うことが、なぜ必ずしも病気なのか。自分が自分を超えたものを感じ、畏《おそ》れ、またそれに仕えることによって他を救おうと思うこのことが、なぜ病気でなければならないのか」

彼は、私が述べた「常識」と「確信」という言葉がわかると言った。私には、彼が私を、いや、彼と私が同じものを、わかっているということが瞬時にわかった。このとき彼と私とは、まぎれもなく「わかり合った」のだ。

ところが散会後、諸先生方の言を聞いて私は当惑し、また落胆したのだ。彼らによると、こうなのだ。

「彼は、すでにハマっている」

「彼は、〇〇型の××症である」

彼我の差とは、かくの如しか。この場合、私もまさしく患者である。しかし、患者のひとりとして、私は痛くもこう感じたのだ。

ああ、愛がない

精神分析という、かりそめにも人間の「精神」を扱う学問あるいは臨床の現場に、かくも愛があってはならないということを私は知らなかった。患者は、癒され得るのだろうか。

難しいのではないかと思う。患者は、医者にはわからない考えや感覚や感情をもっている。自分にはわからないそれらについて、なぜこの人はこんなふうに考えるのか、なぜこの人はこう感じざるを得ないのか、わかろう、わかってあげようとするのが医者の仕事だ。しかし、このとき医者の側が、自分のわかっているわかり方によってのみわかろうとする、すなわち「○○型」というわかり方によって、自分にはわかっていない人のそれをわかったことに、はたしてなるのだろうか。かくして患者は、オウムに走る。

最初の項で私は、「わかる」の文法に「わかろう」はない、「わかる」は意志することはできないと述べた。しかし、本当言うと、わからないものをわかることができるのは、じつは、「わかろう」という不断の意志でしかないのである。「わかろう」という意志のない人に、「わかる」ことは決してないのである。

ところで、「わかろう」という意志、これは何か。言うまでもない、優しさである。わからないものをわかろう、自分ではない他人をわかろう、この想像的努力のまたの名は、ほかでもない、愛である。愛のない人にはわからない、愛のない人が、わかっている以上のことをわかることはあり得ない。なぜなら、最初から、わかる気がないからである。わかる気のない人に、なぜわかるわけがあるか。愛していないものを、なぜわかる気になれるか。

齢《とし》をとらなきゃわからない

とか、

君にはなんにもわかってない

といった、自らする線引きの非論理性と狡《ずる》さとを私は憎んだ。それで、どうしてほしいのよ。なら、世の中の皆が皆、

君は私でないからわからない

と言い合ってごらん。

わかる力は、愛である。えてして人は気づいていない、真の知力とは、愛する力であることを。

［九六年二月号］

2

賢くなれない「情報化社会」

知識と情報

何のための情報か

新聞をあまり読まない
テレビもほとんど観ない
週刊誌なんか、もっとキライだ

いったい何して暮らしているの、と人が驚く。私は日々、感じ、考えて暮らしている。とくに不足を覚えたことがない。

のだが、世はさらに情報化時代だとか。インターネット元年だとか。乗り遅れるなと、人々、走る。

何のための情報か

という問いをもったことがあるようには、あまり見えない。瞬時に、居ながらにして、全世界からあなたの手元に情報が！
それが、どうした
と、私は感じる。より早く、より多く、より価値ある情報を手にできるようになると、何がよくなるというのだろう。何もかもがよくなるというふうに、どうしてかしら皆思っている。でも、何がよくなるというのだろう。
生活がよくなる
ということらしい。情報によって、生活が便利に、豊かに、刺激的になると。それは確かによいことだ。でも、それはほんとによくなることなのだろうか。情報によって満たされる生活とは、情報がなければ空疎な生活である。もとが空疎な生活が、外からの情報で、ほんとに満たされたことになるのだろうか。
頭がよくなる
ということでもあるらしい。情報によって、知性が活発に、身軽に、柔軟になると。それもとてもよいことだ。でも、それはほんとによくなることなのだろうか。

情報によって動き出す知性とは、情報によらなければ動き出せない知性である。外からの情報なしでは考えられない知性が、ほんとに賢いことになるのだろうか。

全地球規模の停電が起きたら面白かろうと私は思う。情報によって生活が豊かであると思っていた人々は、その生活の空疎に気づき、情報によって機敏であると思っていた知性は、己《おの》れの無能に萎えるだろう。情報は、しょせん情報だ。外から与えられ、与えられたものを選択・加工することで能動的であるかに見える、しかしどこまでも受け身のものだ。何もないところから感じ、何もないところから考え、何もないところから創造する、精神の能動性とは本質的に異なるものだ。

拒絶しているわけではない。そういう必要もとくに覚えない。のだが、世が情報化することによって人間の何かが根本的に変わると思うのは間違いだ。なぜなら、世がどこまで派手やかに情報化を究めたとて、我々が生まれて死に、自分はひとりである、という人間の基本的条件は、何ひとつ変わっていないからだ。

たとえば私は思うのだが、より早く、より多く、より価値ある情報を人が使いこなせるようになることと、その人が「善《よ》い」魂であるということとは、必ずしも関係がない。情報だけで出来上がった、やはり愚劣な魂は、変わりなく存在している。こういう当たり前のことに、なぜ人は気づかないのだろうかと。情報化によって、生活がよくなり、頭もよくなる、かもしれない。でも、己れの魂をより善く優れたものにすること、そのことだけを人は見事に置き忘れている。魂を優れたものにする、とは、ほかでもない、その種の外的事象の意味と無意味を、内的に明確に自覚することである。

で、そのようにして、日頃己れの魂と親しく接する仕方を知っていると、インターネットなんぞによらずとも、瞬時に、居ながらにして、「全宇宙を我が脳中に」、感じ考えられるようになるのですよ。私はもっぱら、こっちに、やみつき。

［九六年三月号］

情報は知識ではない

前項で私は、情報は「しょせん」情報だと言いました。高度情報化時代なんてのは、要するにコード情報化時代、コードを引っこ抜いちゃえば、なんてことないタダの箱。タダの箱を前にして、人はやっぱりタダの人だと。

とはいえ、そのタダの人が、タダの人のままに広くコミュニケーション可能になるということは、やはり画期的なことで、オンライン・ショッピングなんぞには私はもとから興味がないが、この点に関してならば、さしものコード情報化時代にも希望の光は射している、と思える。

ヒラ社員がわからず屋の部長の頭越しに、いきなり社長と交渉できるとか、無名の新人が、阿呆な編集者をパスして、堂々作品を発表できるとか、地位と肩書なきゆえに虐《しいた》げられてきたタダの人々に、その実力を発揮できる機会が平等に開かれるということは、文句なく素晴らしいことだ。これはほんとによいことだ、それがほんとに可能になれば。

普通に人は、とくに日本は、地位と肩書が偉ければ偉いと思っているが、情報優先のネットの上では、そんなの何の意味もない。すると、旧態依然の権力機構は、やがて軒並み崩壊するだろう。年功序列、性差別、情実、根回し、御挨拶、地位と肩書ゆえに威張っていられた無能な人々が、地位も肩書もないがしかし有能な人々に、追い落とされてゆくことになるのだ。なんて愉快！　これは革命！

ところで、地位も肩書もないが有能な人というのは、タダの人であっても、やはりタダの人ではない。したがって、情報ネットによって実現する平等社会とは、裏を返せば、これまで以上に実力本位の競争社会である。実力がなければ、たとえネットの上であれ、やっぱり何の意味もない。競争の現場がネットの上に移り、余分な障害物が減っただけのことであって、何のための競争か、ということを考えずに競争している人間社会の在り方としては、以前と何ひとつ変わっていない。

それだから私は、やはりこう感じざるを得ないのだ。

情報化時代
それが、どうした——と。

人がまず理解していないのは、情報は知識ではないということだ。情報は外から与えられるもので、知識は自ら考えて知るものだ。情報は、或《あ》るAをそのままAと受け取ることによって流通する。しかし知識は、或るAがなぜAなのか、と立ち止まり考えることによってのみ知られ得る。情報は流通するが、知識は決して流通しない。流通する知識は知識ではない、すでに情報だ。なぜなら、考えて知る、とは、自ら考えて知ることをしか意味しないからである。

したがって、そこに在る同じAであっても、情報と知識とでは、知られる仕方が正反対を向いているわけで、その差がまさしく、無知と知の差だ。

さて、人は多くの情報を知っていることによって、いったい「何を」知っていることになるのか。我々は「何のために」競争しているのか、それを知っているのか、どうか。

私は思うのだが、今後しばらく押し寄せてくる情報ネット化の大波は、折にふれ人類を訪《おとな》う大掃除としてのあの大洪水のようなものだと。洪水の引いたあと残っているのは当然、地上に広く流通していたあれこれの情報群ではなく、もとより流通することのあり得ない、星のように高く光るあれら普遍的な知識だけであるはずだ。

［九六年四月号］

「考え」は誰のものか

高度情報化社会では、人間の自我が希薄になるのでは、と心配している向きもある。何もかもが情報化されて、人は自分が誰だかわからなくなるのではないか、と。

けっこうなことではないか

これまで私は、情報化によって人間性の何かが根本的に変わるわけではないと、その意味では否定的な見解を述べてきた。が、この点についてならば、少なくとも私は大歓迎、なぜなら私は、普通に人が「私は」と言うときのその「私」を、まるきり信じていないからである。この話は「私」の章をご覧ください。

普通に人が、自分について「私は」と言うときの「私」は、姓名や肩書でなければ、せいぜいが来歴、よくって自分の鼻の頭を指して納得できる程度のもので、その程度にしか確かでなかった「近代的自我」なるものが、破綻したり乗り越えるべきだったり、そもそもできるものだったのかどうか、私はつねづね訝《いぶか》しく思っている。「私」と言って、あれこれの属性を挙げることでは納得できないような「私」こそが、哲学の問題として残ってしまうのであれば、それらまぎらわしい諸属性が、高度の機械化情報化によっていっぺんチャラにされてしまうことは、とてもいいことだと思う。

たぶん、かなり風通しがよくなるのではないか。姓名や肩書や来歴そして鼻の頭、見当違いのものを「私」と思い込むことが、それらに執着する悪しき自己愛の始まりである。所有欲とか嫉妬とか、自分のための自己主張とか、悪しき自己愛の周辺に発生するそれら暑苦しい諸情念、それらが偽りの自我が希薄になるとともに希薄になるのではないか。

たとえば私はよく感じるのだが、私がいま考えているこの考え、これはいったい誰のものかと。普通に人は、自分が考えている考えは自分のものだと思っている。しかし、或る考えが誰かのものであるとはどういうことなのか、よく考えるとわからない話なのである。たとえば数式、あれは誰のものか。発見者のものか。他の人が使ってはならないか。或る思想体系、それはそれを考えた人のものか。としたなら、なぜ他の人はそれをともに考え理解することができるのか。

「考え」は誰のものでもない。「考え」はそれ自体が普遍である。「考え」においてこそ人は、ちっぽけな自我を消失し、考える精神それ自体と化す。考える精神それ自体は、どう考えても誰でもない。私はかつて、こう言ったことがある。

宇宙とは、自己認識する魂である

これを裏から言えば、

魂は、認識する宇宙の容器である

先日テレビで見たのだが、あの羽生名人を思ってみてください。あの人、ちっぽけな自我なんかもってない。ちっとも自分を主張しようとしない。私は推測するのだが、おそらく彼もまた、自分が誰だかわからなくなる瞬間があるのではないか。宇宙が自身を認識するための容器と化した彼という魂は、無限に対して開かれた思考である。無限を思考する能力それ自体であるところのこの「私」は、それではいったい誰なのか。「私」はいまどこに居るのか。

高度情報化によって、人々がそんなことに気づくようになればとは思うが、やっぱりこれ、真似して真似できるものじゃない。真似して真似できる程度のものだから著作権なんぞがモメるので、誰が羽生氏の真似をできるか。彼の個性が個を超えることによって個として確かなのは、もとが確かな個性であるからで、もとが何者でもない人は、いよいよもって何者でもない。ノッペラボーのサイボーグになるだけである。

［九六年五月号］

なぜ情報が害悪になるか

知ってトクする○○情報

という言い方に端的なように、情報とは、つまり損得なのだ。それを知れば、お金が儲かるとか、仕事に役立つとか、生活が快適になる。生きるうえでのあれこれが、よりよくなる、という、そういうことなのだ。

それはそれでけっこう。しかし問題は、その「よい」の意味だ。それを知ることで、生きるうえでのあれこれがよくなるためには、生きることそのものの意味が、先に知られていなければならない。「よい」の意味は、そこからしか出てこないはずなのだ。

さて、生きることそのものの意味を知るための思考の在り方、これを「考える」

と言う。そして、考えて知った事柄を「知識」と言う。したがって、情報と知識とは、人間の頭脳において対極の位置にあるわけで、情報は外から入手して知るものだが、知識は自ら考えて知る以外、入手する方法はない。いえ、より正確に言いましょう。情報は、そも「知る」ものではない。情報を知ることを、「知る」とは言わない。あれは、取って付けて、受けて流すもので、サルにでもできる。

あれこれの情報を取捨選択することで、「考えている」と思うのは間違いだ。あちらの木よりもこちらの木のほうが、バナナがたくさんなっている、とサルが選んだのは、「考えた」からではない。そのほうがトクだとふんだからである。損得勘定までなら、彼らにだってできるのである。

ところで、我々人間には、「考える」という機能があるのだった。我々には「考える」ことができるのだった。サルには決して考えられない、「人生とは何ぞや」。生活と生存のための情報は、損得で選ばれる。しかし、人生と魂にとっての知識は、知ること自体が価値である。「価値ある情報」、そんなものはない。情報にあるのは損得だけだ。損得には損得による優劣はあるが、しかし、人生と魂にとっての価値では絶対にない。

情報化社会を否定しているわけではないこと、念を押したい。そうではなくて、情報を知識として自身に取り込むための思考の訓練、つまり「考える」こと、それがまず為されているのでなければ、情報はただのガラクタだと言っているのだ。ガラクタではすまない、ときには害悪にまでなる、それが、オウム。

「魂」についての、「神様」についての、「情報」とは、いったい何事を意味し得るというのだろう！

この問いの意味さえ、彼らにはまったくわからないはずだ。なぜなら彼らは、考えること、考えるその仕方を、そもそも知らないからだ。彼らが知っているのは、損得勘定の仕方だけ、あちらのバナナよりこちらのバナナを選ぶように、あちらの神様よりこちらの神様、そのほうがおトク、そういう仕方だけだからである。サル頭による、神様情報の、オンライン・ショッピング。

「魂」についての、「神」についての知識とは、ひとりっきりで、己《おの》れの頭で、考えに考え抜いた末に、ようやく知られたかどうか知り得ないと知り得るくらいに困難な知識であって、お手元のカタログからお好みで選んで知ったところで、「何を」知ったことにもならないのだ。

それが何より証拠には、あなたはちっとも賢くならないとはいえ、オンライン・ネットから入手したそれらの事柄についての情報が、知識と化する瞬間は、確かにあるはずだ。それは、それを受け取るその人の魂が、それを受け取り得るそこにまで達し得ていたそのときだけで、そのときにこそそれは、その人を超えて価値であり得る。

［九六年六月号］

真理だけが価値である

で、結局のところ、情報とは何か。

なんて知ったふうにこの章も書いてきたわけですが、ジャーナリストでも社会学者でもその筋の人でもない、一介の考える人であるところの私が感じる素朴な疑念《はてな》、あんがい的外れでないと思う。なぜなら、この章を始める前までは、情報とは何かなんて、とくに考えたことはじつは私にはなかったわけで、このことがはからずも、人がいかに無自覚に情報を価値としているか、外側から考えられる契機となったからである。

情報の洪水、と人は言う。私は、そんなふうに感じたことが、一度としてない。いまもそう。ここのところのギャップは、生活上のいろんな側面で現われるのだが、自分の仕事に近いところでは、たとえばちょっと前、ニューアカデミズムとかポスト・モダンとかのブームがあった。私は全然信用していなかった。ああいうのは信用に値しないということくらい、すぐわかるのである。なぜわかるかというと、思想、哲学、つまり「考えること」、それを見事に「情報」という形で捉え、論じようとしているからだ。そのことだけで十分に信用に値しないのに、まあーいい大人が、情報の洪水の中を軽やかに遊んでみせろ、などと吹くのを聞くのは、これは大げさではなく、「ヘドが出る」思いがした。

人間が考えることが数年単位で変化する、「古くなる」、と彼らが疑っていないことが、私には奇異だった。ビジネスの現場ではない。ビジネスの現場では古くなった情報は価値がない。しかし、人間の知性にとって情報とは対極のところにある「知識」に携わっているはずの人々が、「〇〇なんてもう古い」「××さえも知らないのか」といったかたちで、なぜことほど左様に知識の多寡とその新旧とを競うのか。

なんだ要するに、自分の考えに自信がないからじゃない、自分で考えてないからじゃない。ああいった人々は、気の毒に、情報を知識にすることができないのだわ。私は軽蔑しか覚えなかった。

ああいったきらびやかな頭の「知識人」とは違う、素朴に考える頭をもった我々には、情報の洪水なんか、最初から存在しないのだ。自分が本当に知りたいと希《ねが》っていることだけを、まっすぐに問い、考え詰めてゆけばいいのだ。選ぶ必要も、競う必要もない。じつは情報にすぎないような知識の、新旧や多寡や出典を競い合うのは、自分の頭で考えられないまぎれもない証拠と、そう思って見ていればいい、気にすることはない。人生は短い。

そう、情報の洪水の中で溺れているには、我々の人生はかなり短いのではないか。私が他人や他人の考えを気にしないのは、私が本当に知りたいと希っているのは、この、人生と魂についての真実の知識、すなわち「真理」、にほかならないからで、これらの事柄について考えるのには、情報はとくには必要ないからなのだ。

もとがものぐさな体質の私としては、自分の頭ひとつあれば考えられる、この利便性がコタエられない。最新型情報機器の比ではない。

けれども、これは私に限った話ではない。誰か人が、他人と競い合う必要のない、「自分の」人生についての真実を知ることをやはり希っているとしたなら、自分の頭ひとつあれば、じじつそれでよいはずではないか。自分の人生と自分の頭とは、他人なくとも、常にここにスタンバイしている。いつでもどこでも誰にでも、という手段における平等性、そして、それが正しい仕方で為されているなら決して古びることがない、という内容における普遍性、これまでも、これからも、真理が人類から失われることがない理由である。

［九六年八月号］

3

まぎれもなくここに居る

私という謎

宇宙は言葉である

或る言葉が、その言葉であるのは、なぜなのか。それが不思議でたまらない時期があった。或る言葉がその言葉でそれを言うことができるのは、なぜなのか。これは何か、もうとんでもないことではないのか。

たとえば、

「犬」

という言葉によって誰もが一律に犬を思う。どんなに嫌でも絶対に犬を思う。思わないようにするためにも、思われているものを、必ずや、まず思っている。この逃れ難さは何なのか。

あるいは、

「悪い」

という言葉によって人は一律に悪いを思う。悪い事柄はいろいろあれど、人によってさまざま違えど、「悪い」という言葉は、誰にも等しく悪いを意味する。「悪い」によって「善い」を思うことは、間違ってもない。

「普遍的なものなど存在しない」

と、この頃、人はよく口にする。しかし私は思うのだ、「普遍的なもの」とあなたはすでに言っている。「普遍的なもの」とあなたの言うそこに、普遍は見事に存在しているではないか。

プラトンという人が、「イデア」という言い方で言いたかったのも、どうもこのへんのことだったらしいと気づいたのはその後のことだったが、言葉の不思議に悶絶絶句して以来、私は、

宇宙は言葉である

ことを知っている。とはいえ、これは何らの思想でもない。誰もが言葉で話してい

るという、ごく当たり前のことに気づいただけのことである。

「善悪」

「正しさ」

「普遍性」

このような言葉をめぐる人々の議論が紛糾するとき、議論の渦中にあるこれらの語そのものは台風の眼のように不動である、ということに人は必ずしも気づいていない。

「普遍とは、普遍と言われるそのことである」

そう言われて人は納得しない。普遍と言われる何ものかを、その語の外に求めにゆくのだ。でも、何を求めて?

宇宙とは壮大なトートロジーである
人はこの疑問符によく耐えられない
たとえば「運命」という言葉で、あなたは何を考えますか。大地震で死ぬか生きるか、あらかじめ決まっていると考えますか。
決まっているとして、決まっているということを、決まっているそのこと以外でどうやって知り得ましょう。では決まっていないとして、決まっていないことを、決まっていないことで知り得ましょうか。
つまり、「運命」という言葉は、そのとき起こることがそのとき起こることである、という以上のことは言ってないのである、言えないのである。言えないにもかかわらず、人は「運命」と言う。言うことで何かを言うように思う。何が言われているのだろう。
初めに言葉ありき
言葉は神とともにあった
言葉は神であった（ヨハネ福音書）
宇宙大のトートロジーに耐えられなくなり、人類は「神」という言葉をもつ。最後にどこかで自分を「私」と言わなければならないのと同じように。

［九五年四月号］

「私」とは何か

私とは何か

私にはそれが不思議でたまらない。ときに、アタマのねじが、あ、はずれる、という感じになる。なぜ、こんな妙なものが、在るのだろう。

というこの問いの意味、ほとんど人に通じない。世の人、口を揃えて「私とは何か」と問うているにもかかわらず。

確かに池田某は妙な人間である。しかし私が妙だと言っているのは、池田某のことではなくて、私とは池田某であると言っているところのその私とは何か、それが妙だと言っているのだ。かなり妙でしょ。

普通に人が、「私とは何か」という問い方で問うているのは、じつはあれ、問いではなくて答えなのである。「私とは何か」と問うているところの「私」は、自明の前提としてそっくり信じられているのであって、「とは何か」のそこに、ほんとの私はこんなじゃない、とか、もっと自由に生きたいのに、とか、何かその手の人生訓めいた答えがくることが、あらかじめ知られている問いなのである。私は、そんなの、興味がない。

私とは何か

と私が問うときのその「私」は、この顔でも、この名でも、この生い立ち、性格、世界観のどれのことでもなくて、「私とは何か」といままさに問うているこれ、これは何か、なのである。この否応なさを、デカルトという人は、「我思う《コギト》」の確実さというふうに言ったけれども、彼はしかし、この問いの不思議さをさらに問い続けることをしなかった。「私とは考えるものである」の、その「私」をさらに考え詰めることをしなかったのだ。それが言うところの、「近代的自我」の始まり。私は、私だ。

そうだ、私は私だ、自明なことだ、恐るべき自明さだ。なぜ世の人皆この自明さを疑わずにいるのか。私はこういう人間である、私はこう思う、私はこうしたい、私はこうしたくない、私はそれはいやだ、私のもの、私のこと、私、私、私——。

「私のしたいことを邪魔するな」

人の世のいざこざとは、だいたいにおいて自己主張のぶつかり合いであることは、認めますよね。でも——どの自己？　どの自己のことを人は、他人を蹴飛ばしてでも主張したいほど確実な自己であると信じているのか。そんな確実さは錯覚だ、私は知っている。もしもそうでないと言うのなら、あなたが「私」と言うときのその「私」を指示してみてほしい。どのって、このですよ、と鼻の頭を指す以外の仕方で、示してみてほしい。

「私は」「私は」と、声高に主張し合う人々もじつは、主張している「私」の何であるかを、鼻の頭を指す以上の確実さで知っているわけではないのである。いや、さらに正確には、指しているのが「私」なのか、指されているのが「私」なのか、それを知ろうとしているのは、誰なのか。そんなわけのわからないもの、他人を蹴飛ばしてまで主張したい気持ちは、少なくとも私には、ない。

どこまでも不思議なのは、指示代名詞としての「私」、「私」というその言葉なのだ。「犬」という語によって、誰もが一律に犬を思うように、「私」という語によって誰もが一律に「私」を思うだろう。ところで、そのときの「私」って、どの「私」ですか。だって、この世の誰もが一律に自分のことを「私」と思ってるのですよ。「私」のイデアって、そりゃいったい何なのです？

右のような考えを、言葉の遊びだと言うのなら、そう言っているあなたの「私」を、言葉によらずに示してみてください。

［九五年八月号］

「私」は脳なのか

脳で考える

と、誰もが思っている。

心とは脳のことである

私とは脳のことである

と、誰もがそう思っているのだ、これは驚くべきことだと私は思う。のだが、うっかりそんなことを言うと、百人が百人、妙な顔をする。「この人は、大丈夫だろうか」。

考えているのは脳であり、私の心とは脳のことであるという「思い込み」、この思い込みを根底で支え、また助長もしているのは、言うまでもなく、科学である。

人は、科学の言うことはすべて真実であり絶対であると見事に思い込む。これはこれでまた驚くべきことだと思う。

といって、科学の言うことはウソである、間違っているというのではない。そうではなくて、科学的真実とは「科学的」真実にすぎないと、そう言っているだけである。科学とは、真実を知るための一方法にすぎないのだが、人はしばしばそれを忘れる。忘れて、科学の言うことが真実の全体を述べていると思い込む。と、そのときにはそれは、明らかにウソとなり、また度し難い勘違いともなるのだ。

科学がその方法によって扱うものは、目に見え、手で触れられるもの、すなわち物質である。したがって、「心」や「私」を扱う場合は「脳」、物質としての脳を扱うということになる。

ところでしかし、心とは脳であり、私とは脳であると、なぜまた科学はそう思い込んでいるのか。「心」、そんなものを誰が見たことがあるか、触れたことがあるか。「私」を誰が見たか、触ったか。

脳をどこまで仔細に腑分けしていったとて、「心」も「私」も出てこない。この部位が「心」であり、この細胞が「私」であると、ピンセットでつまみ上げて示すことは絶対にできないのだ。なぜか。明らかだ。「心」も「私」も物質ではないからである。感情とは感じるものであり、あれに触《さわ》れる人はいない。「私」とは、考えているこれであり、考えている脳に触っても、これに触ったことにはならない。これは、誰にとっても明瞭な事実ではないのか。

百歩譲って、科学の言うように、「私」とは脳だと認めるとする。ところで、科学の大前提は、主観と客観を截然と分けておくことだった。「私」とは主観であり、客観としての自然とは別物であると。すると、自然物であるところの脳であるところの「私」、これは主観か客観か。認識主観としての「私」が、同時に客観的対象としての脳であるなら、主客二分に基づく科学という認識の全体は、主観的なのか、客観的なのか、どちらなのか。

とはいえ、本当の謎は、これではない。すると、「私」はどこに「居る」ことになるのか、これである。

近代的自我を超えて主客合一の世界観なんて言えると思っているのは、ただの「脳」天気である。脳ではない、すなわち脳には居ないところのこの「私」は、するといったいどこに「居る」ことになるのか、これこそが最も悩ましき謎なのだ。非物質的存在について、空間的位置を問うことの無意味、しかし、「私」はまぎれもなくここに居る。

「私は脳である」、この考えはじつにわかりやすい。わかりやすい以上にこれは、じつは人間の認識にとっては一種の安全弁のようなものであって、下手にこれがはずれてしまうと、かなりアブナイことになるということを、人はうすうすわかっているのに違いない。だからこその「科学」、と言ってもいい。

「私」が「私」である神秘

言うところの「近代的自我の乗り越え」なる議論が、ほとんど常にくだらないのは、そもそも「自我」という言い方で自分が何を言っているのか不明なまま、それを乗り越えろと言っているからにほかならない。問い方のわからないものを、議論できるわけがない。

それら論者の方々は、揃って、「私」というものはもはや「ない」と主張しているのらしい。しかし、問われているのは、「ない」と主張しているところのその人の「私」なのだから、これはおかしい。「ない」なら、黙っているはずであろう。

前項で私は、科学には「私」は扱えないと言ったが、社会学などにはもっと扱えないのだ。社会学は、「私」とは社会の形成物だと前提することで成立する。むろん、それはその限りでの真実ではある。つまり、生まれと育ちによる、性格もしくは世界観である。しかし、それらは決して「私」ではない。それらがそのようであると認識しているところのこれ、これのみが常に問われるべき「私」なのだ。だからこそそれは、哲学という思考にしか扱われないということになる。

が、「哲学」と一括して言ったところで、それを考えているのは、やはりそれぞれ別の「私」である。認識主体としての「自我一般」は、「私」ではない。大勢の哲学者たちの間で議論されたところで、「私」が「私」であるというこのことの不思議は、ほんの少しも動かない。したがって、「私」は、いかなる学問の網の目にもかからないということになる。なぜなら、「私」は、質だからだ。一般的な量には還元され得ない、唯一無二の質だからだ。

たとえば、同じ「私」の語によって、私が「私」と発語するときのその感覚と、誰か他人が「私」と発語するときのその感覚が、同じ感覚であるかどうか、いかにして知り得ようか。いかにしても知り得ない。質とはこれだ。これを感じることなく自分を「私」と言うときにのみ、「私」はたんなる記号であり得る。

質的「私」の扱いに慣れているのは、哲学よりもむしろ宗教、というより教説を無視して自身に向き合う禅とか神秘主義とかのほうなのだ。あれらもやはり、「私」なんてものは「ない」と言う。そんなもの、どこかに探してもどこにもないと。しかし、ここが違う。「ない」が、「在る」と言う。「無い」ことにおいて「在る」。そして、「在る」もの、それは「神」だ、と。

「私」は「神」である
というのは、うんと大ざっぱに言うなら、まあだいたいにおいてそうなのである。しかし、このことを正確に述べようとすると、これがもう本当に難しい。どうしてもあちこちに無理が生じる。それで禅などは、そういう無理を説明するのがいい加減億劫《おっくう》なので、ああいう形式なのである。そこが私は好きなのだが。この話、詳しくは「神」の章をご覧ください。

たとえば、「神との合一」と言って万歳できると思っている神秘主義などの底がすぐに知れるのは、それなら、「神」であるところの「私」と、やはり「神」であるところのあなたの「私」との関係如何と問うときである。「神」としての私の「私」は、やはり「神」としてのあなたの「私」の、その質を、いかにしても知り得ない。それなら、神様同士はやはり互いにどこまでも孤独なわけで、それなら、なんのことはない、この世の「私」たちが互いにどこまでも孤独なのと同じことである。とくに何を説明したことにもなっていない。神秘主義的認識は、問いの側から見てみれば、決して上がりではなく、永遠の振り出しなのである。

とはいえ私は、「私」を「問う」のに、少々飽きた。

それが、そんなに、特別か?

最近私は、「魂」と言う。それを「感じる」ことのほうが、ずっと切実であるといまや感じられる。

宇宙によって見られている夢

夢占いとか夢のお告げとか夢についての心理学的解釈とか、夢の中身の話には、私はあんまり興味がない。そうではなくて、夢という形式そのもの、それが「在る」、ということのほうが、よほど驚くべき不思議だと思うのだ。

夢

あれはいったいなんなんだ

と私の問うこの問いの質、やっぱりたいていはうまく通じていないだろうと思う。でも、ちょっと考えてみてください。いえむしろ感じるよう努めてみてください。いえ別に無理にとは言いませんけど、我々が生きて在るということ、人生が存在するということが、いかにとんでもない不思議であるか、ほんの少しでも感じてもらえたらと私は希《ねが》う。

普通我々は、夢を「見る」と言う。しかし、「見る」とは通常、肉体によるこの視力で見ることを言うのであって、眼は閉じているのに見えているあれを、じつは「見る」とは言わないはずなのである。眼は閉じているのに見えているあれは、すると、「どこ」に見えているのか。「脳の中に見えている」なら、夜半、脳内に見開く眼、とは何か。

夢の中で「話す」はどうか。あれを言葉の筋道によって話していると言うべきなのか。そんな気もするし、そうでない気もする。どちらであるにせよ、それらの言葉によらなくとも、それらの意味が先に「わかる」。なぜだ。

さらに奇妙なのは、夢の中の他人の存在である。いいですか、「自分の」夢の中に、他人が、居るのですよ。それが勝手に話したり動いたりしているのですよ。にもかかわらず、それらの意味がちゃんと「わかる」。こんな妙なことったらないじゃないですか。だって、夢の中の他人が他人であるなら、わかるはずはないのだし、他人でないなら、予期せぬ言葉を話すはずがないからである。しかも、どんな奇てれつな展開とて、それを奇てれつと思うことが決してないのは、なぜなのだ。

「自分」とは何か

謎はそれに尽きる。そして、あれら一連の出来事の生起を、夢「の中」と言うべきなのか。「夢の中」と「脳の中」が同義であるなら、夜半脳内に見開く眼は、頭蓋の内壁を見るべきではないのか。夢の空間の非物質性、そして、その空間そのものが「自分である」ということを、どう説明する。

普通に人は、気がついたらそうであったことには気づかない、驚かない。夢の中身は云々しても、夢という形式、それが「在る」ということは普通だと思っている。それはおそらく、生まれ落ちて赤ん坊だった我々の人生が、眠りから始まっていることによる。夢の中に生まれてきた我々は、夢という人生の枠に、あらためて驚くことが少ないのだ。

だからどうした

白昼のオピニオン誌で臆面もない寝言

そうだ、寝言だ。なぜなら、我々のこの人生そのものが、宇宙によって見られている夢にほかならないからだ。宇宙の夢を見ている「自分」とは、宇宙によって夢見られている「自分」にほかならないからだ。夢を夢と知りつつ吐かれる寝言と、夢を現実と思い込んだままの寝言《オピニオン》と、その寝言性においてどちらが正気とあなたは思うか。

正気は夢によって正気と思われることができるなら、正気自体の正気性を、いかにして証明するのか。

［九五年九月号］

全人類相手のモノローグ

「Ｒｏｎｚａ」九六年六月号「書評鼎談」にて、福田和也氏、松原隆一郎氏、佐藤亜紀氏の御三方から、拙著『悪妻に訊け』についてのご批評を頂戴したので、それに応えるものをかねて、この項は。

別に、いいと言えば、いいのだけれどという、この種の「割り切り」が、私と私の読者という「サザエさん的世界」から出ていく力が弱い、と福田氏は言う。そう、まさに問題はご指摘のそのことなのだ。そのことだからこそ、この手の批評は、私にとってはやはりどうでもいいこととなるのだ。氏はこのように言う。

〈批評というのは、相手に致命的なものを与えよう、殺そうと思って書くものなんですが、彼女の場合、その点はどうでもいいんですね。書かれた西部(邁)さんや柄谷(行人)さんは、痛くもかゆくもない。たぶん彼女も届かなくていいと思っている。ただ自分が書いたものを読者が読んで、快哉を叫べばいいという割り切りのなかで書かれているから、そこから外に出ていく力は弱い〉

私が自分を批評家だとは思わないからなのか、相手を殺そうと思って書くことはない。正確に言うと、殺そうと思えば一撃必殺であることが自分でよくわかっているので、そんなの、面白くもなんともないのである。確かに、書かれた西部氏や柄谷氏は、痛くも痒くもないだろう。なぜなら、すでに死んでいるからである。武士の情け、死者をさらに打つようなことは致しません。

難しいのは、殺すことではなく、生かすことではないのか。私が拙著で、それら評論家の方々を題材として扱ったのは、こう言っちゃなんだけど、一種の露払いなのである。あんなのはただの地ならしなのである。何のための地ならしかと言うと、私の言葉、それによって人が生きるための言葉の種を蒔《ま》くための、サラ地が必要だったからだ。評論家一匹殺して快哉《かいさい》を叫ぶような読者は、もとから私の読者としては、あり得ない。

〈賢い自己限定〉、氏は言うが、これは逆で、自己をどのようにも限定しないこの絶対無防備こそ、私の最大の力なのだ。〈チーママと店の客〉、うまい、それなら私のお店は全宇宙、したがってお客は全人類、ここから出ていける「外」なんぞ、最初から存在しやしないのだ。私は、クラブ「存在」のチーママである。

〈他者がない〉、松原氏は言うが、他者がない人間がなぜ言葉を書き、それを公にするだろう。以前から私は思っているのだが、先生方がよく悩まれているこの「他者論」というヤツ、悩み方がよくわからない。そんなもの悩まなくたって、我々は日々、他人と付き合い、他人と語り、他人の言葉を読んでは、じじつこのように論じ合っているではないか、いかなる支障もないではないか。ただ、ひとつだけ言えるのは、他人をまず理屈で捉えようとするそのような人にこそ、「他者がない」。したがって、私の店の客にはならない。そうは言っても、私は私のお客が、「屁理屈屋いわゆる知識人以外の全人類」、と、結果としてはならざるを得ないこともわかっていて、〈排除されている〉と感じる向きがあるのも、じつは致し方ないのだ。氏はそこを正当にも、〈大衆相手に語りたいという情熱を、彼女は知っている〉という言い方で、指摘してくださった。〈本質的にモノローグ〉、と佐藤氏。さすが、慧眼《けいがん》。私は、「私の」言葉、どのようにも自己限定しない自己から発せられるところの言葉、その壮大なるモノローグを、全人類相手に一方的に語り聞かせたいという、無体な情熱を隠しもっているのである。その試みのひとつが、この、「オラクル」。臆面もなく、まあよく言うとは思われませんでしたか。

［九六年七月号］

4

人生を、窮屈にしないために

自由と善悪

現実はなぜ現実か

「観念的」

とか
「思弁的」

とか
「哲学的」

などの評する言葉は、あからさまな蔑称ではない屈折した響きがある、そこが問題なのだ。人は、何に対して身構えているのだろう。

「生きなければならないから」

と、人は言う。でも、なぜ？　なぜ「生きなければならない」なのか、「なければならない」は誰が誰に課している強制なのか、自分が生きることを他人が生きることのように言う、それが私には納得できなかった。納得できなかったから考えた。「なければならない」の意味を考えた。自分が生きることを他人が生きることのようにではなく考えるために考える、これを、しかし人は、「現実的でない」と言う。

では現実とは何か

人はここで再び同語反復《トートロジー》に逢着するのだ、現実とは生きることであると。

この現実がなぜこの現実であるのか、普通は人は考えない。考えないから、「なければならない」と言うことになる。しかし、およそ「なければならない」というほどの強制力を認めるのなら、なぜ、強制している当のものの正体を見究めようとは思わないのだろうか。もしも「自由」という言葉が意味をもつとしたなら、私にとってそれは、そこにしかあり得なかった。すなわち、考えること。この世のあらゆる前提を、納得するまで疑い抜くこと。

たとえば、「貨幣」

あるいは、「社会」

要するに、「生活」

つまるところ、「生存」

最後のところは、この、「自分」

これらのすべてが自明な意味もしくは価値として営まれているのがこの現実であるならば、より現実的であるために、すなわち自由であるために、私はそれらを信じなかった。決して自明と認めなかった。そして、考えた。考えてわかった、それらはすべて「考え」であるということが。考えられてはじめて、それらはそれらであるということが。

また妙なことを言い出す
これだから観念的な人は
しかし、ですよ。ここはひとつダマされても別に損するでもなしと、ほんの少しだけ考えてみてください。いちばんわかりやすい例の「貨幣」ですけれども、あれら絵のついた紙切れやちっぽけな金属片が、なんだってまた大事なものなのでしょうか。それは、あなたがあれらを大事なものだと「思う」から大事なものとなるのであって、そうでなければあんなものは、ただの絵のついた紙切れかちっぽけな金属片ではないですか。貨幣は貨幣と「思われて」、貨幣になるほかないのだから、貨幣よりも貨幣という「考え」のほうが先である。つまり、現実を現実たらしめているのは、あくまでも観念なのである。だから、観念的なほうがよほど現実的だと私は言うのである。

だって、どうやって生きてゆくんですか

あら、でも、「生きなければならないから」と言っていたのはあなたのほうではないですか。生きるために生きることが価値だと思えるのなら、それでいいはずではないですか。この世の現実をどっぷりと信じながら、同時に自由も欲しいだなんて、現実認識がチト甘いんじゃございませんこと?

［九五年五月号］

なぜ社会の存在を認めるのか

「社会」

と、人は言う。人間とは社会的存在であり、社会生活を営むことで人は生きているのであり、人はひとりでは決して生きてはゆけないものなのだ、と。

「生きる」というのが、「生存する」の意であるのなら、右の考えはまったくその通りである。いかな孤独癖の人、自分は淋しがり屋でないからひとりでも生きられるという人も、その衣食住の全般を独力で製造するのでない限り、やはりひとりで生きてゆけるものではない。個人の生存は、社会の存在に、確かに依存しているのである。

ところで、しかし、それはそれだけのことではないのか。生存が社会に依存するという、たったそれだけのことではないのか。

生存は社会に依存するかもしれないが、存在が社会に依存するわけではない。この自分の存在は、社会の存在によらずとも、確実に存在するのである。人はこのことに気づかないでいるか、むしろ故意に気づかないでいる。

社会性はあるのだが、社会というのが完璧にないと、評されたことがある。むろん、この欠落の自覚は、裏を返せば矜持《きょうじ》であって、なぜなら私は、社会生活を営むために生きているのではなく、生きるために社会生活を営んでいるにすぎない。このことをはっきりと自覚しているからである。ソクラテスという人は、もっとはっきりこう言った。

「皆は食べるために生きているが、僕は生きるために食べている」

生存するために生きているのではないのだから、生きているのは存在しているゆえである。私は、社会の存在なんてものを、この自分の存在よりも確実なものだと認めていない。認めていないのだから、社会の存在が私の存在を、どうこうできる道理もない。じつに自由である。人は、何をもって、不自由と不平を言っているのだろうか。

人が、不自由と不平を言っているのは、したがって、社会を認めているからである。社会の存在を自分の存在より確実なものだと、自分から認めているのだから、社会の存在に自分の存在をどうこうされるのは、道理なのである。

ところで、社会の存在といって、社会なんてものがいったいどこに存在するのだろうか。私はそんなものを見たことがない、触ったこともない。見たことがあるのは、私と同じように社会生活を営みつつ生きているひとりひとりの人間だけなのだが、それらとは別のどこかに、社会という何か得体の知れないものが存在しているのだろうか。そんな得体の知れないものを存在していると、なぜ人は認めているのだろうか。

人が、そんな得体の知れないものを社会としてその存在を認めているのは、決まっている。それによって不自由と不平を言うことができるからである。何か悪いこと、自分に都合の悪いことや自分が悪いこと、社会が悪いことそれ自体さえ、社会のせいにできるからである。そのためにこそ、人は社会の存在を必要としていると言っていい。自分が生存するためだけではなく、自分が存在しないために、人には社会が必要なのだ。生存も存在もすべてを社会に押しつけるために、人にはそれが必要なのだ。ところでしかし、いったい何のためのそのような人生なのか、私にはまったく理解しかねる。

存在もしない社会に、自分の存在を押しつけて、応えてくれないと不平を言っても無理である。なぜなら、相手は、存在しないのだからである。存在しているのは、ひとりひとりの人間だけ、しかも、このひとりひとりがまた、社会は応えてくれぬと不平を言っているのだから、なおのこと無理というものである。

アイデンティティーという錯覚

前項で私は、社会なんてものは存在しない、存在しているのはひとりひとりの人間だけだと言ったが、もっと言うと、国家なんてものも、存在しない。存在しているのは、自分が国家に属すると「思って」いる人間たちだけなのだ。

人は、「私は日本人である」と言う。この主語と述語の直結を疑う人は、ほとんどいない。しかし、私は疑う。というよりも正確には、信じられないから、考える。「私は女である」「私は池田某である」というのも同じ、主語よりも先にそれが述語として前提とされている。が、「主語は述語である」と言うとき、当の主語の「何であるか」がわからなければ、述語で「何かである」とは言えないはずである。常に先に問われるべきは、主語「私」のはずなのである。この点、詳しくは「私」

の章を参照してください。

で、人は、とくに考えずに「私は日本人である」と言う。しかしこれは、よく考えてみると、たまたまそこに生まれたというそれだけのことであって、たまたまそこに生まれたから「私は日本人である」と、「私」を「日本人」に自己同一化《アイデンティファイ》しているところの「これ」、これはその限り、何者でもないのだ、どこにも属してはいないのだ。そもそもどこにも属してはいないのに、自分は日本国、日本民族に属する日本人であると、自分で思っているのだから、その人が日本人であることの、もろもろの制約と束縛を受けるのは当然である。また逆に、たまたまそこに生まれたというそれだけのことに、「誇り」を持つのも変である。

「帰属意識をもつ、もたない」という言い方が端的にそれを示していて、誰もがじつは、自分は本来は何者でもない、どこにも属してはいないということを知っているということだ。知っているからこそ、どこかに帰属したい、何者かでありたい。しかし、自分からそれを選択しておきながら、それが強制か必然かのように思い為すまさにそこに、「国家」が存在することになる。思うそのことが、存在しないものを存在させているのだ。思わなければ、そんなものは存在しないのだ。なぜなら、「私は日本人である」と思っているところのその「私」が、本来どこにも属してはいないからである。

だって、じじつあなたは日本人ではないか

日本国籍を有し、日本語を話す、黒い眼黄色い肌の日本人ではないか

むろん、それはその通りである。しかしそれは、池田某が日本人であるのであって、「私」が日本人であるのではない。「私」は、どの国家どの民族にも属さない。絶対自由の唯一者である。

戦争という現実的な出来事においても

そんな観念的なこと言ってられるかどうか

むろん言えます、当たり前です。そうでなければ、どうしてわざわざこんな妙なこと言い出したりするものですか。戦争という最も観念的な出来事においてこそ、か

くまで現実的なことを言うことに意味があるのだ。

いいですか、人が国家を「存在する」、自分はそこに属すると「思う」、この思い為しこそが国家を存在させ、存在もしない国家を守るために闘おうという驚くべき本末転倒にもなるのだから、したがって、人は、思わなければいいのである。人が、そうとは思わなければ、戦争など、そも起こるはずがないのである。だって、何者でもない者同士、いかなる理由があって殺し合うのですか。

必要な唯一絶対の革命

とはいえ、社会は存在しない、国家も存在しない、そんなものは、そんなものが存在するとする人間の「考え」なのだ、と言ったところで、そうそうすぐに納得されるものではない。国家が存在すると思わなければ戦争は起こらないのだ、と言ったところで、何を当たり前なと思うか、この人はどこかおかしいと思うか、まあどちらかのはずである。

しかし、一朝一夕にできることではないということくらい、この私にだってわかっているのである。人類が、有史以来そうと思い込んできて石のように固くなっている考え、そんなものが一朝一夕でひっくり返せるわけがない。だからこそ、それは「革命」の名に値することになるのだ。

社会革命なんてあんなもの、どこが革命なもんですか

社会は存在し、国家は存在し、自分が生存するためにはそれらのどこかをどうこう変えればどうこうなんて、そんなチャチなものが、なんで革命なんですか。

革命というのは、根こそぎ丸ごとひっくり返すから革命というのだ。社会は存在し、国家は存在し、自分は生存したいというこの考え自体をひっくり返すから革命なのだ。何万人の敵を殺し、あるいは粛清したところで、どちらも同じこの考えをしているのだから、結局なんにも変わらないのは道理なのである。

思えば、この人間の歴史というのは、大勢の人間や人間の集団が地表を右往左往することで動いてきたように、たいていの人は漠然と表象しているようだけれども、ここはよく考えてみてください。人間が動くのは、何によるのか。何によって、人間は意志し、行為し、決断するのか。

人間が行動するのは、おしなべて「考え」による。「考え」によって、人は意志し行為し決断する。人はこのことを、自分の思考において明確に表象できるように

なるべきだ。決断に逡巡する英雄の胸中にあるもの、それは「考え」だ。引き金を引く指も、前進する戦車も、あれらすべて「考え」だ。可視的表象に騙《だま》されてはならない。可視的なものを動かしているのはすべて、そのように考えている人間の「考え」なのだ。

「人間」の語で、人は多く、この可視的形姿を表象するようだから、私はあえて「人間」ぬきの、「考え」の語のみで言いたい。「人間」が動いているのではない、「考え」が動いているのだ。歴史を動かしてきたものは、英雄でも戦争でもない、またその背後の誰か思想家でもない、不可視の「考え」だ。表象における映像を警戒せよ。

貨幣でさえ、それ自体では動かない。あれが動くのは「考え」によると私は言った。それなら、人間それ自体が動くのは「考え」によると気づくのはもっとたやすいはずと、私は思うのだが、これがあんがい難しいらしい。それで、そこに見えて動いている人間を消してしまえば、事態は変わると思うのらしい。

変わるわけがない。「考え」を変えていないのだから、変わるわけがない。本当に変えたいと思うのなら、「考え」を変える以外は絶対にあり得ない。だから、「武力革命」なんてのはあきれた矛盾で、革命というのは、本来、それぞれの精神の中にしか起こり得ないと私は言うのだ。

ところで、この「精神」というのも、それを自分とは別の何かみたいに思っているのでは、やはり同じなのである。他人の精神を革命しようとする前に、まず自分の精神を、きちんと革命したら、どうだろう。

というわけで、精神革命と御大層に言ったところで、要するに、自分でものを考えろという、ごく当たり前のことしか言ってないことになる。しかし、当たり前なことほど、難しいことはない。社会は存在し、国家は存在し、自分は生存したいというこの考え、これはいったいどういうことなのか、各人、自力で考えよ。そして、可能な限り自覚的であるよう努めよ。人類と歴史は、必ず変わる。

不自由なのは誰のせいか

自分でものを考えるという自由は、すべての人に開かれているというのに、自分でものを考えもせずに自分は不自由だと言う人は、すると、誰にその自由を求めていることになるのだろう。

よく考えもしない考えに囚《とら》われて不自由になっているのは、その人のせいであって、ほかの誰のせいでもない。このことに気づくだけでも、人は十分自由になれるのだが。

人が、自分の自由に気づこうとしないのは、ほんとは自由なんか欲しくないからである。ほんとのところは、自由になんかなりたくないのである。なぜなら、自由になったら、何もかも自分でしなければならないから、そのことをほんとは知っているからである。

　生きるも死ぬも、私の自由だ

ああ素晴らしき哉《かな》、絶対自由、この絶対自由が、しかし人は深いところで怖いのである。生きるも死ぬも自分の自由だなんてそんな怖い自由はイヤ、それで、生きるも死ぬも考えるのも、社会やら国家やらにまかせて不自由と言いつつ、じつは安心していたいのである。

　不自由に安心していたいのは、その人の人生だから私は別に構わないのですが、それなら私は自分の自由に不安がっているかというと、そんなことは全然ない。自由に不安を覚えるなんて、そんな不自由なことがあるもんですか。

　自由は自由だから自由なのだ

　怖いものがあるうちは自由ではないのだ

よく考えると、この「恐れ」という感情も、人の考えが作り出しているもので、人は、それが何かよくわからないものを恐れる。たとえば、死。しかし、死なんてものは、よくわからないどころかまったくわからないものなのだ。まったくわからないものだということを、はっきりわかっていないから、人は恐れる。はっきりわかれば、恐れは消える。だから、わからないことこそよくよくと悩むのでなく、しっかりと考えるべきなのだ、もしもほんとに自由でありたいのであれば。

考えるということは、面白い。この面白さは、おそらく、この世のほかのいかなる面白さとも異質のはずだ。なぜなら、もろもろのことがそのようであるところの、そのこの世、とは何か、を考えるからである。国家とは何か、社会とは何か、それらが存在していると考えているところのこの自分とは、誰か。

より自由であるために、自分の足場を根こそぎ掘り崩してゆくこの作業は、あなた、SFやホラーなんてメじゃないスリルで、なぜならその作業そのものが、まぎれもない現実だからである。それはそれ、これはこれ、なんて逃げ場のない絶体絶命、こんな種類の面白さ、この世でほかにあるはずがない。

ところで、この足場の地面の掘削作業、うまく完遂できた暁には、とんでもなく広いところへ出られる。つまり、穴ぼこは大宇宙に通じてしまうのである。あるいは逆に、自身の頭蓋の真っ只中に大宇宙が開けると言ってもいい。無辺際の宇宙に、ひとりっきりで存在しているというこの絶対自由、今さら、この世の何かが不自由である理由がない。

で、この宇宙の側から眺めてみると、人類の進歩もしくは進化というのは、明らかに、人類が自身の考えにより自覚的になってゆく過程であって、より自覚的になるということが、より自由になるというそのことなのだ。

「精神革命」、これにはとにかく時間がかかると私は言った。なぜなら、ほんとは自由になりたくない人がけっこういるうえ、自分で自分を自由にするしか、人は自由にはなれないからだ。したがって、人の数だけ、時間がかかる。

とはいえ、ありがたいことに、この世には「言葉」という便利なものがあって、武力によらない革命は、言葉という武器によって、やがては必ず成就される。変なことばかり書いていると言われつつも、私が書いている理由のひとつでもある。

なぜ人を殺してはいけないか

「なぜ人を殺してはいけないのか」

という問いを、しばしば人は立てる。とくにきょうびのように、動機のよくわからない殺人が横行するようになると、この問いは、忘れ果てていた根源的謎のように思い出され、あちこちで議論されているようである。

そして人は、今さらのように驚いて言う、

「なぜ人を殺してはいけないのか、わからない」

生命はかけがえのないものだから、気の毒だから、迷惑だから、というのは、人を殺してはいけない理由としては絶対的ではない、と言って驚いているのである。

そして、その手の議論の常として、ヒトラーのような大悪人を殺すのは善ではないか、ラスコーリニコフの苦悩を見よ、といったあれこれの事例が引き合いに出される。そして、やはりこの手の議論の常として、こう結論されるに至るのだ、「善悪は、相対的だ」。

このような議論の展開を、つまらないと私は感じる。つまらないうえ、じれったい。

人を殺してはいけない理由は、決まっている。それが規則だからである。人を殺してはいけないというのは規則だから、その規則に反することは、いけないことなのである。

すると人は言うだろう。規則や法律はそれ自体相対的なものだ、そのような相対性によることなく、殺人は絶対にいけないとなぜ言えるのか。

規則以前に、殺人が絶対にいけない理由など、あるわけがない。それは、日本の道路では車は左側を走らなければいけないというのが規則であるのと同じで、そこに理由などないのである。そのことについて「なぜ」を問うことは、論理的にできないのである。

しかし、車は左側を走らなければいけないという規則よりも、人を殺してはいけないという規則のほうが、何かが我々の内心に本質的であると我々は感じる。そこには、現象的には、他人の苦痛は苦痛であるとか、殺された人は失われる、とかの心理的な理由があるだろう。人々のそのような一般的な心理の歴史が、この規則を規則として機能させていると言える。けれども、他人の苦痛が快楽である、殺人が快楽であるという人間が時々出現するものだから、相対的な規則以前の、絶対的な理由をなんとか見出したいと、人は欲するのだ。

けれども、残念なことに、そんなものはないのである。殺人が快楽の人は殺人が快楽なのだから、彼の心理は一般の我々とはまったく違うのだから、これはもうどうしようもない。彼がそれをいけないと思うのは、規則だからいけないと思うにすぎず、そうでなければ彼はそれを隠蔽しようとさえしないはずである。

ところで、規則だからいけないのではなく、絶対にいけない理由を見出したい一般の我々としては、まさにこのことにこそ、気づいていい。すなわち、なぜ我々は、「なぜ人を殺してはいけないのか」と問うのか、と。「なぜ人を殺してはいけないのか」と問う我々は、その限り、人を殺してはいけないと、問う以前から知っている。知っているからこそ、その理由を問うのである。しかし、理由はないのだった。ということは、問うこと自体が、その理由なのである。「なぜ人を殺してはいけないのか」と問うそのことが、人を殺してはいけないまさにその理由なのである。

さて、これはもはや規則ではない。イエス・キリストが、「汝、殺すなかれ」と述べたとき、彼は規則や戒律を述べたのではない。いかなる理由によってかこの問いを所有する、我々の思考のこの事実を述べたのである。この事実について、いわば念を押したのである。

我々の思考に見出されるこの端的な事実、これを私は「倫理的直観」と呼んでみたい。

倫理は道徳ではない

世の多くの人は、「倫理」と「道徳」との違いを、これはもうまったくと言っていいほど理解していないようである。

彼らがそれをまったく理解していないということを、私はかなり最近まで理解していなかった。私にとってはあまりに自明である「倫理」という言葉が、そのまま「道徳」の意で理解されているらしいということを理解していなかったので、これまでいったいどれほどの誤解がそこに生じていたか、想像するだに、ドッと脱力する。

たとえば私が、筆の勢い、もしくはその場の勢いで、

「私は絶対的に倫理的な人間である」

と言い放ったとして、それが、

「彼女は絶対的に道徳的な人間なのだそうだ」

と受け取られていたとして――。

馬鹿おっしゃい

「道徳的」ということほど、私が軽蔑する人間類型はない。とはいえそれは、偽善を暴いて喜々としている偽悪的な小人物を軽蔑するほどではないけれども。

「倫理」と「道徳」の違いを直観的に理解できない、まさにそれが、「倫理」と「道徳」の違いを理解できないということなのである。「直観的」ということは、説明ぬきで了解されるから直観的と言われるのだから、それを説明によって理解させようとすることの無理くらい、わかっている。けれども、説明ぬきで直観的に理解しているごく少数の人のためにのみ、その直観の正しさを確信してもらいたいためにのみ、恥を忍んで私はそれを説明しようと思う。まあ哲学なんてのは、煎《せん》じ詰めれば、先に直観的に理解していることを、いかにうまく説明するかという方便にすぎないのだし。

たったのひとこと、倫理とは、自由である。そして道徳とは、強制である。

あるいは、倫理とは自律的なものだが、道徳とは他律的なものである。倫理的行為は、内的直観によって欲求されるが、道徳的行為は、外的規範を参照して課せられる。

「汝、善を為せ」もしくは「汝、悪を為すな」、これは道徳である。なぜなら、道徳は必ず、命令や禁止や義務、すなわち外的強制として内感されるものだからである。いや私はそれを強制とは感じない、確かに内的に欲求していると言うならば、その人は、あらゆる行為のそのつどの局面において、自律的に行為できなければおかしい。

道徳というものが、規則や戒律としてしかあり得ないことの理由が、これである。善と悪への内的直観を有しない人は、善と悪の名の下に、あれやこれやの具体的内容を示されないことには行為し得ないのだ。しかし、そも内的に欲求されていないものが、いかに微弱であれ、強制として感じられていないはずがない。それを自身に欺くとき、これを正当にも「偽善」という。道徳こそが、偽善を生むのだ。いわく「汝、敵を愛せよ」「汝、盗むなかれ」「汝、姦淫するなかれ」云々、云々——。

「汝の内なる道徳律が、普遍的に妥当するよう行為せよ」

いかなる条件もなく、いきなり道徳それ自体を欲求せよ、と命令するカントの定言命法は、したがって、大ウソである。いや、この哲学者が基本的に大変な善人であることはよくわかるのだが、それでもこれはウソなのである。絶対に無理なのである。道徳は、「べき」とか「せよ」とか「ねばならぬ」としか言えないから、しょせん、道徳なのである。

善を為すことを喜びと感じるよう努めよ

この心理上の困難は、なんぴとも自身が最も理解するところであろう。道徳の無能は、それが人を強制し得ないからでなく、人がそれを欲求し得ないからなのだ。

善悪は自分の精神にある

もしも私が教育者の立場にあるなら、子供や生徒に、「これをしろ」「あれをするな」ではなくて、「好きにしろ」と教えるだろう。

世の中には善いことも悪いこともないのだから、自身が善いと感じ、自身が悪いと感じる、そのことにのみ従って行為せよ。一切は君の自由だ、と。

「売春がなぜ悪い。私の自由だ」

と言う女子高生に、大人が反論できなくて困っているのだそうだ。

「反論」しようとするほうがおかしい。といってそれは、反論するべきでなく殴るべきなのだということでもない。殴ったところで、そのように感じそのように行為したがる彼女らの本質は、少しも変わっていないからだ。

あんなものは、好きにさせればいいのだ。確かに彼女らの言う通り、人には悪いことをする自由もある。そしてまた、彼女らの言う通り、それを悪いとは知らないから人は悪いことをするのである。悪いと知っていて悪いことをする人はいない。したがって、それを悪いとは知らないから悪いことをしているところの彼女らは、じつは自由なのではなくて、盲目という不自由なのである。

といったふうに筋道立てて「反論」して理解するようなら、はじめからしているはずがない。だから、反論などしても仕方ない、好きにさせるしかないと言うのだ。

人の世の、「なぜ悪い」をめぐるあらゆる議論が不毛なのは、内容によって形式を問おうとしているからだ。道徳を倫理だと思っているからだ。しかし、道徳は強制だが、倫理は自由である。倫理は、直観された善への必然的欲求として行為されるから、自由なのである。善は、決して強制され得ない。それは、欲求されることができるだけだ。

真善美は精神の本質である。精神の純粋性において、それらは明らかに認識される。なかでも善は、真と美とが認識されるというそのことにおいてさらに認識される、そのことにおいてさらに優れていると、善のイデアが究極にあると、プラトンが言ったのは正しかった。

ただしそれは、いかなる道徳でもない。精神の本質が善であると精神が認識する限り、精神はそれを欲求せざるを得ないという、事実を述べたのみである。

したがって、精神の本質を認識し得ない者、精神的能力の未熟な者には、これは強制すなわち道徳としてしか聞こえない。私は、悪いことはしたくないからしないのだが、多くの人は、悪いことはしてはいけないからしないらしいのだ。この決定的な断絶に気づいたとき、私は困惑した。あれやこれや言いながら、「言ってもムダ」と、常に正確に半分だけ思っているゆえんである。

じっさい素朴に感じるだけでも、「何を為すか」という内容が、「どのようであるか」という形式より本質的であるとは感じられないではないか。ウソものの人間だからこそ、行為による粉飾の必要を自覚するのだろう。その意味では、人は倫理的に行為することはできない、倫理的であることしかできない。

ところで、くだんの女子高生たちを、どうするか。たとえ自分の娘でも、好きにしろと言うべきなのか。

自分の娘だろうが他人の娘だろうが、他人であることには変わりはない。善悪は各人の精神にのみ内在し、またそれは各人の精神によって直観されて欲求されるしかない限り、本人によってそう気づかれ、そう為されるまで、他人には基本的には何も為し得ない。

ただし、「反論」の仕方がわからなくてお困りの方、「なぜ悪い」と問われれば、こう答えてやればいい。

善悪を知らないというそのことが悪い。知らないということが悪いことだと知らないことが悪い。それは誰にとっても悪くはないが、お前にとってだけは大いに悪い。

人は真善美を知っている

「Ronza」九七年一・二月号の中沢新一氏と藤原新也氏の書評対談に感じたこと、ちょっとひとこと。

『脳内革命』というあの奇妙な書物、巷でもいろいろ言われているが、表わされた「言葉」、それのみ見る限り、じつによく考えられていると、いまでも私は思っている。ブームの正体、著者の正体などは、言葉をきちんと読み取ってのちの問題であるはずだ。

言葉は常に、両面性をもつ。或る言葉がその言葉であるのは、その言葉ではないものによってその言葉なのだが、しかしまた、その言葉はその言葉以外ではないからこそ、その言葉はその言葉なのである。たとえば、先の対談において「真善美」

とは、〈無批判的〉〈閉鎖的〉といったふうに、何がしか望ましくない、すなわち「悪い」事柄のように言われているが、真善美が悪かったら、それは真善美ではないのである。

これは揚げ足取りのように聞こえるかもしれないが、我々の認識と実践の根幹に関わる重大な事柄で、むろん、そこのところ、〈煩悩というのは、人間の非常に大事な部分で、そういうものをすべてひっくるめた上で真善美がある〉と、藤原氏も言う。しかし、それなら同等の権利で、「真善美というのは、人間の非常に大事な部分で、そういうものを明らかに認識した上で、煩悩がある」とも言えるはずである。私は、諸宗教の教義面に詳《つまび》らかではないが、「真善美」はタントリズムではないと、中沢氏は言う。「タントリズム」とは、〈人間の燃え盛る煩悩も含めて、人間という生命体が抱えているすべての矛盾が包含されて〉いるものだそうだ。

しかし、だとすると、我々の倫理性はどこにあることになるのか。〈超資本主義社会の中で、人間が真っ当に生きていく道を探っていく〉と、氏は言う。私とて同じである。しかし、このとき、真善美を超越的と否定して、煩悩も森羅万象とのみ込むことが〈イカしている〉なら、氏の言う〈生きる技術《メチエ》〉とは、要するに、この欲望社会を要領よく生きる、ということにすぎなくならないか。問題はまず、その「生きる」の意味または価値であるはずなのだが、この場合だと、倫理性はどこに示されることになるのか。

『脳内革命』とて、健康法という、あれなりの〈生きる技術《メチエ》〉であろう。だから言葉は両刃だと私は言うのだ。じつのところ、超資本主義社会だろうが脳内モルヒネ社会だろうが、人がまっとうに生きるために技術なんぞ、要らないのである。まっとうな人は何をしようが、まっとうなのである。なぜか。「生きる」ことの意味つまり価値は、真善美以外にはないと知っているからである。この世の誰がいったい、悪く醜く不幸に生きることを欲するか。人は、真善美を真善美と知っているからこそ、それを欲し得るのだ。これは、或る言葉がその言葉であるという、端的な事実にすぎない。真善美を欲するのは、それが快だからだが、しかし、このときモルヒネが出ようが出まいが、知ったこっちゃないのである。モルヒネを出すために真善美を欲するから、話があべこべになるだけだ。

真善美を、超越的な存在と思うところに、致命的な転倒がある。あれらを自分とは別のどこかにあると思うから、面白くもない外在的道徳が生じるわけだが、あれらは我々の精神に明らかに内在しているものなのだから、そのことを自ら認識しさえすれば、人は自《おの》ずから倫理的になるのである。最も難しいところではあるが。

あと、真善美が精神にとって超越的内在であるように、「脳」は、精神にとって主観的客観である。そこが読めてなかった。「脳の内・外」という言い方を、いま一度吟味したい。「脳」は、どこに在るのか。

〔九七年三月号〕

5

信じること、疑うこと

「神」と宗教

「神」は信仰とは関係ない

神

のことを考えるのは、私にとっては、寝食がそうであるのと同じ性質の当たり前のことなので、その当たり前ついでに、つい「神」の話をすると、あんまり人がギョッとするので、私のほうも、ギョッとする。しまった、また当たり前すぎることを、言ってしまったか。

日本人には神の観念がない、とは、知識人の方々によって批判的に言われるようだが、「日本人」だからあったりなかったりするような、その手の神の観念なら、私にだって、ない。人の勝手であったりなかったりするような「観念」としての神なんてものが、神であるなら、そんな神には私だって関心がない。なぜなら、「人

の観念」ではないからこそ、それが「神」と呼ばれることが有意味となるのだからである。とはいえ、

神

という呼称にまず、人は多く違和感を覚えるらしい。それならそれを別の名前で呼んだって、あるいはとくに名がなくたって、私は別に構わないのだが、私がそのつど勝手な名前でそれを呼んでも、人はいよいよわけがわからなくなるだろうから、仕方なく慣例にならって、私はそれを「神」、と呼ぶことにしている。「神」の名前、この呼称は、あくまでも便宜である。この点にご留意願いたい。ところで、

神

というこの呼称にまず違和感を覚える人は、いかなる表象をそこに喚起してのその違和感なのか、逆に私は訊《き》いてみたい。なぜなら私は、この呼称によって、いかなる表象をもそこに喚起し得ないからである。たとえば形姿、たとえば人格、あるいは何らか訓戒等、いかなる具体的表象をも私は喚起し得ないのである。まさか、

人々、
長い白髭の厳《おごそ》かな老人
みたいなものを、表象しているわけではあるまいが。まさかそんな幼稚なものを表象して、勝手な違和感を覚えているわけでは、あるまいが。
神
と聞いて、そういうものしか表象し得ない、おそらくこういうところが、日本人には神の観念がないと言われるゆえんなのだろう。抽象思考が苦手なのだ。現世利益でなければ、そんなものには関心がない。ましてや折よく、西洋のニーチェという人が、
神は死んだ
と言ってくれた。しめた、これで考えないですむ。しかし、生きていたとも知らない神が、死ねる道理はなかろうに。神あってこその、無神論だろうに。
ニーチェを真似して、無神論と言ってればすむと思っている日本の知識人の皆さ

ん、あなたが無いと言っているのは、では、どの神のことですか。あの神、この神とここで言ってはならない。なぜなら、ニーチェがその死を宣告したのは、まさしくその、あの神この神と言い得るような神、人の勝手であったりなかったりするような、「観念」としての神だからだ。さて、あなたが無いと言っているのは、どの神のことですか。

お間違えなきよう、ニーチェが殺したのは、信仰の対象としての、神だ。彼は、信仰の神を殺すことによって、真正の神を生き返らせたのだ。さて、信仰の神ではない真正の神なんて言い方で、何が言われているのか、あなたはそれを考えることができますか。

いえ、べつに難しいことなんか、言ってないのである。あんまり当たり前なので、かえって難しいように感じるだけである。たとえば、生きて死ぬのは、なぜですか。あなたであるのは、なぜですか。

［九七年一月号］

絶対に確実なものを求めて

「神」のことを考え慣れない人は、たいてい、ああいうものは、取って付けたようにいきなり信仰するものだ、と思っているようである。つまり、宗教という形態においてのみあり得るものと思っているのだ。

しかし私は、信仰はもっていないし、宗教のもつ集団性はとくに嫌いだ。にもかかわらず私にとって「神」のことは、取りたてて言うほどのことでもない当たり前のことで、あえて言うなら、もろもろのこの世的日常的現象を透かして、じつは常に「神」のことをしか考えていないくらいに、当たり前のことなのである。

いきなり信仰される神

これには私は不信感がある。むろん、人によるから一概には言えないが、洗礼を受けるとか出家するとか、そういう外的な手続きに、自然ではない無理なものを、どうしても私は感じてしまう。あらかじめの型に自分をはめての信仰は、のち現実に柔軟に対応できなくなりはしないか。盲信的になりはしないか。

私は、「神」を、信仰によらずに懐疑によって見出した。と言って、やはりいきなり、

「神は在りや無しや」

という立派な問いを取って付けたわけではなくて、たんに、普通に人が当たり前と思っていることを、うまく信じられなかったからだ。普通に人が、自分は自分であるとか、世界は物質であるとか、思い込んでいることを、丸呑みできなかったのである。

絶対に確実なもの

動くことのない真理

を、どうしても私は知りたかった。だから、考えた。信仰なんかもったところで、

それが絶対確実であるという保証は、自分がそれを信仰しているというそこにしかないのだから、そんなの私はヤだったのだ。だから、信じるのでなく、考えたのだ。

思えば、あのデカルトという人も、似たような情熱と執念によって、その作業に取り組んだことがあったのだった。例の「方法的懐疑」というあれである。まさか、あの大胆にして細心の天才に、自分を比してる気なんかありませんよっ。

そうではなくて、我々人間のある種の情熱というのは、どうもそういう傾きをもっているらしいと言いたいのである。明晰判明、普遍の真理、そういった事柄を知りたい、見出したいという欲望は、人間精神の、これは文字通り「本能」なのだ。

ところで、ここが面白いところなのだが、これは裏を返せば、明晰判明、普遍の真理を、じつは知っている、知っているからこそ、欲望することができるということである。全然ないもの、知らないものを、人は欲望することができない。ということは、精神は真理を知っている、考えることによってそれを知ることができるということを、じつは知っているということなのだ。これは、どういうことか。精神

が真理を欲望するべく、
　創られている
　決められている
　仕組まれている
という言い回しが、避け難く出てくる。このとき、この受動の「られる」に対する能動の主語を、どうしても想定せざるを得なくなる。むろん、ここでたんに、
　そうである
　そのようになっている
と言っても、まあいいと言えば、いいのだが、やっぱりちょっと、気持ちのうえに無理がある。強烈なる精神の本能「なぜ」、を抑圧するのは、けっこうキツイものがあるのである。
　信仰という形態ではなく、端的な事実としての「神」は、たとえば私においては、このような仕方によって認められる。

［九七年二月号］

「神」は思考の事実である

前項で私は、人は真理を知るべく創られている、その受動の「られる」の能動の主語が、信仰によらない事実としての「神」だ、という示し方をした。

けれども、じつはこれは、もう一度裏返すことができるのであって、その裏返しの支点となるのが、そこでも少し触れたデカルトの方法的懐疑、それによって見出された例の「コギト」である。

「我考《おも》う、ゆえに我あり」

は、史上、人口に膾炙《かいしゃ》すること、ソクラテスの「汝自身を知れ」と並ぶのだが、その本来意味するところが正確に使われていることは、ともに本当に少ない。その微妙であるゆえの困難は、誰もが「私」であり、また誰もが「私は考《おも》っている」と思っていることに起因する。

確かに、何について考えるのであれ、考えているのは、常に「私」である。考えているのは「私」である。しかし、なぜそれが「私」でなければならないか。考えているそれはなぜ、「私」と呼ばれなければならないか。

「私」が考えている

というのと、

考えているのが「私」である

というのとは、似ているようで、違うのだ。考えているそれを「主語」ととるか、「主格」ととるかは、じつは決定的に違うのだ。

考えているそれは、考えているという「事態」なのであって、「主語」なのではない。考えているという事態より先に、主語「私」が存在するわけではないのだ。実際の思考の現場は、明らかにそうなっている。人々そこをなかなか理解しないが、しかし肝心のところだ。ここを理解しないと、いわゆる「近代的自我の超克」

なる、面白くもない議論となる。

たとえば、考えているのが主語としての「私」であるなら、神について考えるべく「私」を創ったのは、神である。しかし、考えているのが主格としての「私」であるなら、神について考えるべく「私」を創ったのは神であると考えているのは、あくまでも「私」ということになる。より正確には、考えているのは、「私」という神なのである。

無神論者ニーチェの影響をモロに被ったバタイユという人は、やはり論理的に考えるあまり錯乱に陥り、気の毒に、ついにこう言うに至った。

「自分のことを『私』と言う神、コイツはいったい何なんだ！」

自分のことを「私」と言う神は、「私」に決まっている。「私」という語で、自分以外を指示することは不可能だからである。

論理的思考すなわち理性は、自身に即して思考する限り、必ずや自己矛盾に陥るということを、ほかでもないその論理によって示したのが、カントという人である。この世の我々には神なんてものを「考える」ことはできない、だからこそそれは、信仰の対象となり得るのだと。

けれども、論理的に考えられないから信仰の対象となり得るためには、論理的に考えられない当のものが、先にそれと知られているはずである。それをこそ、信仰によらない事実としての「神」と、さらにもう一度ひっくり返して、私は言ってみたい。それが「何であるか」はまったく知られないが、それがそれであることは、明らかに知られていると。

ずいぶんくどい言い方をしていると、我ながらそう思う。けれども「神」の話は、簡単すぎるがために、くどいくらいでちょうどいいのだとも思う。論理以前に論理によらずに知られている「神」、そこから開ける奇てれつな宇宙、を感受しつつさらに進むためには、起点としての論理の足場が堅固でないと、やはり危ないのだ。

〔九七年四月号〕

存在するとはどういうことか

信仰の対象ではない事実としての「神」について、これまで、どちらかといえば認識論の側から述べてきたが、今度は存在論の側からトライしてみましょう。

ナニ、認識論、存在論と偉そうに言うから偉そうなだけで、本当はこんなことは、何もかも当たり前のことなのである。当たり前のことを「当たり前のこと」と自覚しているかどうか、たんにそこが違うだけなのである。もっとも、この自覚の有無が決定的と言えば言えなくはないのだが、世の中には普通と違った感じ方をする人が居るのだ、と気がつくだけでも、十分に飛躍の一歩なのだから、そう思って聞いてください。

認識論というのは、平たく言えば、世界を認識するときの認識の仕方の側を、まずきちんと考えようとするものである。対して、存在論というのは、認識される世界にはさまざまな事物や事象が存在しているが、それらあれこれ存在者の、あれこれ中身の側ではなくて、それらあれこれ存在者が存在者であり得る形式の側、すなわち「存在」、これを考えようとするものである。存在者ではなくて存在、普通に人が何気なく、「何々が存在する」と言うときの、その「存在する」とはいかなることかと考えるのである。

たとえば科学という思考は、世界内存在者を等しく物質とみなすことで、それら存在者が「いかに」存在しているかをのみ考えるが、そのときの「存在している」とはいかなることかとは、決して考えない。だから、「反物質が存在した」「ビッグバンによって宇宙は存在した」という言明が、あくまで言明であって、それ自体、もはや物質ではないことに気がつかないのである。だって、ビッグバンの存在なんて、いったい誰が「見た」のですか。

反物質、ビッグバンは、「理論」というやはり存在者なのであって、存在そのものでは決してない。いかなる存在者も存在なしには存在し得ないのだから、存在は物質という存在者をも超えて存在するのだ。すると、それは、何なんだ?

存在者という手がかりなしに、存在それのみ追い詰めてゆく思考は、自身の無限を知ることになる。なぜなら、思考は、無を考えられないからである。無を考えられたら、それは無ではないわけで、思考は絶対に存在しか考えられないからである。ここにおいてこそ、人は正当にも「宇宙は無限である」と言い得るのであって、物質宇宙のあれこれなんぞ、その限りで知れていると言っていい。

質的宇宙

と、私は呼んでいる。あるいは、気配。存在の気配。

先日亡くなられた埴谷雄高氏と、私は親しくさせていただいていた。起点を同じくすることはわかっていたが、それでも氏の不思議な直観力と論理性、論理的思考の裂け目から広がり開ける宇宙のその幅には、その都度、感嘆というか、畏怖というか、やはり「不思議」というのがいちばん近かった。あんな不思議な人類を、私はほかに、地上では知らない。あの人はたんなる天才ではない。

存在の革命

と、氏は言っていた。わざわざ難しく言うのが氏の悪い癖なのだが、うんとはしょって言うと、要するにこれは、自分でものを考えろと言っているのである。自分でものを考えられない氏の信者たちは、わけもわからず復唱していたが、そういうのをこそ叱ってやろうと思って、氏はそう言っていたのである。詳しく知りたい方は、拙著『オン！　埴谷雄高との形而上対話』をご覧ください。ちなみに「オン」は、ギリシャ語にて「存在」。それを「神」と言いたくなかった氏は、「虚体」とか、苦しまぎれに言っていた。

「存在そのもの」を人が名指そうとするとき、その呼び名のひとつとして「神」というバージョンがある、そうわかってさえいれば、「神」についての間違いは、まず起こり得ません。

［九七年五月号］

科学は「神」を否定できるか

というわけで、人が、自分または宇宙が「存在する」とはいかなることか、と考えざるを得ない限り、そして、それが考えの筋目に沿った正しい仕方で為されている限り、必ずや「神」は、出てくる。これは避け難く出てくるのであり、こちらから求めて出てもらうわけでは決してない。

前世紀末、そのようにこちらから求めて出てもらう「神」、すなわち宗教という形態は終わりを告げたかに見えたが、各人の思考における「神」の位置は、じつは大して変わっていない。何がしか彼方にあるものであり、それに対して手を合わせるべき何かであり、したがってそんなものは、自ら考える科学の世紀にはふさわしくないと否定するまさにそのことによって、じつはそっくり踏襲しているのである。なぜなら、人は、何かを否定するためにはそれを肯定していなければならないからである。

その意味では、宗教も科学も、「神」に関して、態度はまるきり同じなわけで、どちらもともに、「頭から信じ込んでいる」。自ら考える科学の世紀に、自分や宇宙が存在するということを、それについて自ら考えなくてもすむようなわかりきった事柄であると、頭から信じ込んで生きているのである。驚くべき、蒙昧さ。

そんなことはない、自分も宇宙も「この世の」事柄として科学的に考えられるべきであり、また考えられるのだと言うならば、たとえば、死とは何かを考えてみよ。「科学的に」考えてみよ。死とは何かを科学的に考え捉えようとして、捉え損ねている姿が、まさにあの「死の判定基準」なる代物ではないのか。判定しようとしている当のものの何であるかをわからずに、いったい何を判定しようとしているのか。端的に、あれが科学の限界である。死体は存在するが、死などというものは、どこにも存在したことはないのである。存在もしないものをめぐって、「この世の」

議論が、これほど紛糾しているのである。はてさて、科学にとって、存在とは何か。紀元二千年。しかし人類の歴史は数万年、生物の歴史で数億年、宇宙の誕生からは数百億年、それに比べればこの自分など、というふうな言い方を人はよくするが、これも、違う。この自分がいまここに存在するということは、いかな膨大な量であれ何らかの数量には絶対に換算し得ない。宇宙の歴史数百億年は、そのように考えるまさにこの自分においてこそ、そのように存在するのだ。

したがって、生死もまた、そうである。無限としてのこの自身が、生を生とし、死を死とするそのとき、それらは生死として明滅する宇宙となるのだ。

右のような認識は、ちょっと狂気に似ているが、もしもそれが正当な狂気であるなら、別名それは正気の貫徹である。科学はようやく、越えるべき一線に気づくべきときなのだ。

このところ私は、話題の「ハッブル宇宙望遠鏡写真集」を買ってきて、終日、飽かず眺めている。

ガス状に拡散する星雲の七色や、捉え得る限り遠い銀河のほのかな輪郭、爆発し、衝突し、消滅を繰り返しているのらしいあれらの輝きやうごめきを、眺めて飽かないこの「胸騒ぎ」、これは明らかに、未だ知らぬ「自分」をそこに見出すことの、当惑に似た悦びである。物質とはもはや、「自分」における質なのである。むろん、創造の御業《みわざ》という視点の側から眺めているときがあることにも、気がつく。

しかし、「創造」とは、それ自体が言語ではないか。すると、このとき「神」が創造したのは、宇宙ではなく、むしろ言語である。発語するのは、「私」である。したがって、事態はこうなる。

「私」は、言った。

光、在れ！

あるいは、たんに、

在れ！

［九七年六月号］

「救い」とは何なのか

信じる者が救われるのは、当然である。なぜなら、救われたくて信じるからである。

したがって、信じない者が救われないのも当然である。そのような仕方で救われることを、拒否するからである。

ところで、人が何かを信仰するとき、たとえばオウムのような明らかにウソとわかる宗教でも、信じられる人はそのことによって救われているからいい、信じられる人はいい、という言い方をする人もいる。しかし、これは本当だろうか。ウソの事柄を信仰して、人ははたして救われるのだろうか。ウソでも信じられる人は、本当にいいのだろうか。

よく考えてみてください。ウソというのは、本当ではないから、ウソなのである。本当というのは、本当だから、本当なのである。本当のことというのは、本当だと認められるから本当なのであって、本当だと認められないことは本当ではない、ウソである。それで、本当ではないウソのことというのは、認められるのではなく信じられることになる。人がそれを信じるのは、それがウソだからである。ウソだからこそ、人はそれを信じなければならない。ウソではない本当のことなら、人は信じる必要がない、認めればすむだけだ。

したがって、ウソのことでも信じられる人は救われているというのは、やはりウソで、ウソのことが人を救うわけがないのである。人を救うことができるのは、本当のことだけだ。本当のことは、本当だからこそ、人を救うのである。ごく当たり前のことのようだが。

ところで、「本当」といい「ウソ」といい、あるいは「救い」といい、まるで知っているかのように私は言うが、そんなものの内容のことなんか、私はまったく知らないのである。私が言っているのは、常にその形式のことだけである。どの宗教が本当で、どの神様がウソか、救済されるとどうなるかとか、そういった具体的内容以前の、そういった具体的内容を考えるための論理的形式、それしか私は言ってない。そんな具体的内容を知っているくらいなら、とっくに私は開祖である。

とはいえ、「本当」というのをありのままの事実、「ウソ」というのをその反対、と置いてみると、「救い」というのは、ありのままの事実を認めること、というふうに、いくぶん内容めいてくる。

救いというのは、ありのままの事実を認めることである

というのは、どこかの説教で聞いたような気もするが、じっさい、「救い」という語で何がしか御利益のようなものを求める心性に対して、これは厳しく本当である。人生の諸事、誰にも困難はあるけれども、困難を事実とまず認めるのでなければ、困難はいつまでも困難のままである。困難を事実と認めないから、逃げる、耐える、諦《あきら》めるという否定的な態度になるのであって、それらが依然として苦しみで

あることは、本人がいちばんよくわかっていることのはずだ。

　困難を事実と認めてしまえば、あとは努力するしかないのだから、この努力することそれ自体が、困難からの救いといえば、まあ救いなのである。やっぱりすごく当たり前なのだが。

　けれども、ありのままの事実を認めることが救いであり、自分を救うのは自分の努力だけだというこの当たり前のことも、もう一度ひっくり返して考えてみると、これこそがおそらく、古人たちによって呼ばれてきたところの本当の「救い」であろう。なぜなら、「ありのままの事実を認める」というのは、「存在は存在すると認識する」ことにほかならないのだから、「自分を救う」とは、裏返し、「存在に救われる」となるからである。

　ちっとも救われたことになってないじゃないか
と思う、まさにそのことが、あなた、救われたことになってないのですよ。

なぜ拝むのか

金日成が亡くなったとき、北朝鮮全人民が慟哭した。

「ああ、お父さま、私たちの救い主」

怒濤の、哀号。

以前、バチカン見物に行ったとき、参道の両側にバッヂやタオルやTシャツなど、各種の「法王グッズ」を売る店が並んでいるのを面白く眺めた。あ、これ、浅草の仲見世と同じだ。世界の各地からやってきたお上《のぼ》りさん信者たち、参拝記念に嬉しく買い求めている。ブロマイドを見比べて言う、「こっちの表情のほうが素敵だわ」。

ところで、イエス・キリストは、いっとう最初に釘を刺しておいたのだった。

「偶像を拝んではならない」

しかし、十字架のイエスを拝むから、クリスチャンはクリスチャンなのである。拝むなと、あれほど強く本人から言われているのに、言われるそばから、拝むのである。人はなぜ、すぐに拝むのだろう。

イデオロギー信仰も、キリスト教信仰も、はたまたオウム真理教信仰も、何かひとつのことを信仰している人々を笑う余裕が、人々にはできてきたかのように、二十世紀も末になって少し見受けられるけれども、ナニ、大差ない。神を拝まない人は、金《カネ》を拝んでいたりするのである。拝金教信者。どっちが、マシか。やっぱり、大差ないか。拝金教の共産主義者とかも、いるわけだし。オウムの金塊も、すごかったし。

民主主義は自由と個性を尊重するから、イデオロギーや宗教とは違うと思っている人が多いようだが、そんなことはない。あれはあれで、ときに立派にイデオロギーであり、宗教でもある。民主主義が拝んでいるのは、ほかでもない、その自由と個性という偶像である。それらは、金日成とかイエス・キリストとかの人間のかたちをとっていないから偶像崇拝ではないと、彼らは思っているようだが、同じである。そうではないと言うのなら、自由と個性という観念の内実を、あらかじめの価値としてではなく示してみてほしい。

裏返して、歴史とか伝統とかの観念をあらかじめの価値とする保守主義とかいう人々も、やはり同じである。何がしか自分以外のところに、自分の拠り所がほしいのである、拝みたいのである。何を価値と拝んでいるか、その中身が違うだけのことだ。

観念なんかを拝んでどうする、我々が認めるのは事実すなわち客観性だけだ、と主張する科学主義、これはこれでまた信仰である。唯一絶対の客観性が存在する、そして我々はそれを認識できると思っているのは、これ、信仰以外ではないではないか。

人間とは、思い込みの動物である。何かをそうだと思い込んでいなければ、何もできないのである。何もできなくたって、べつにいいじゃないか、私は思うのだが、多くの人々はそうではないらしい。何かをそうだと思い込むことによって、やはり何かをどうにかしたい、だから何かをそうだと思い込みたいのである。

しかし、右のようにちょっと並べてみただけでも、世界についての思い込みは、もう人それぞれ、全部が違うのである。人それぞれ。厳密に同一ということは、全部が同一の人間ではない限り、ないのである。人それぞれ、全部が違う思い込み、そのことについてあれこれ思いめぐらしているほうが、私などにははるかに面白いのだが。

何かをそうだと思い込んでいる人は、大体において頑《かたく》なだが、だからといって、そういう人は必ず性悪《しょうわる》かというと、そういうことでもまた必ずしもなくて、人間とは、最終的には、人格なのである。人品骨柄に尽きるのである。

何らかの主義や信仰によって、その人が善い人になるのなら、それに越したことはないではないか。

そういう人のことを嗤《わら》っている人のほうが性悪である場合のほうが、ずっと多い。私などにはこのほうが、よほど憎らしい。

オカルトの正体

オウムの一件にもかかわらず、世の「不思議大好き」ブームは衰えないらしく、書店には新手の「精神世界モノ」が平積みされている。

じじつ、よく売れているらしい。『脳内革命』などは、ごく普通の健康法なのだが、人はあれに一種の「奇蹟」を期待するらしく、万病に万能の「脳内ホルモン」信仰が生まれているようである。

しかし、変ではないか。「脳内ホルモン」とは、たんなる化学物質であって、それは人が快感を覚えるときになぜか分泌され、それが体を健康にするという。したがって、物事は悪いほうに考えずに、常に良いほうに前向きに考えるようにしようというこれは、いかなる他力本願でもなく、まっとうな自力更生ではないか。なのに人は、このような自然現象を、何がしか超常現象のように思い、ホルモンを分泌させんがために、気功や瞑想に入れ込んだりする。ここにすでに転倒が生じている。

自分の「前世」を知りたいという願望にも、同種の転倒が潜んでいる。自分の前世は何だったのか、そこで自分は何をしたのかを知りたい。しかし、たとえそれが現在の自分を規定している事実として知られることがあったとしても、それが事実であるというまさにそのことによって、それを知ることには意味はないはずである。なぜなら、このとき、前世を知るということは、それが規定している現在を知りたいということのはずだったからである。しかし、現在を知るためには、現在を知れば足りる。前世を知ろうが知るまいが、この現在には何の変わりもない。それなら、なぜとくに前世なんかを知る必要があるのだろうか、いかなる「奇蹟」を人は期待しているのだろうか。

「サイババ」というのも、よく売れたのらしい。私もちょっと、読んでみた。すべての人のすべての出来事が書かれているという「アガスティアの葉」というのを、著者が探しにゆくというくだりに妙な臨場感があって、面白かった。が、面白くなかった。納得したが、納得しなかった。なぜ誰も、こういうことをきちんと最後まで考えようとしないのだろう。

いいですか、その人が葉を読みに来ることは決まっていたと、葉に書かれているのを読みに来たその人が読む。つまり、読みに来ない限りは、読みに来ると書かれているかいないか知り得ないわけである。来れば、ほら来た、と書いてある。ということは、そのとき君のすることは、そのとき君のすることであろうというこの形式のことを、「予言」と人は驚いているということだ。しかし、これがいったい何を予言したことになっているのか、私は断じて納得しかねる。

じつは、このとき人は、「予言」ではなくて「存在」の形式に騙されているのだ。在ることは在ることで在らぬことではないという存在の不思議に誑《たぶら》かされているのだ。しかし、なぜ在ることは在ることで在らぬことではないのか、サイババにだってわかりっこないのである。

私とて、もともとその種のこと、宇宙のことなど考えるのは、決して嫌いなほうではない。そう、「考える」のが嫌いではないのであって、その種のものごとを「愛好する」のは、何を隠そう、大嫌いなのである。そんなふうなことを「精神世界」と称して騒ぐのは、間違っても世のためにならない。なぜなら、「精神世界」なるものは、世界のどこにも存在しないからである。世界はもとから、「世界精神」でしかないからである。

「不思議大好き」、この態度が、根本的に誤っている。念力やテレパシーは存在する、それが不思議だというのなら、存在が存在するということのほうが、よほど不思議のはずだろう。自分がなぜそれを不思議と思うか、その前提を考えるほうが、順序としては先である。それができないから、オカルトは、「しょせん」オカルトと言われるのだ。

「宗教」ではない宗教性

信じる人は困ったものだと皆が言っている。根は真面目で、しかも頭の良い人たちなのに、と。

そういうふうに言うときの人々の口調に、何かずるいものを私は感じる。確かに彼らは頭が良いが、信じているから馬鹿なのだ、信じる人は馬鹿なのだ、知的な人間は信じないものだ、信じない自分のほうが、だから彼らより知的なのだ、それで一段高みから彼らを論評する資格が自分にはあるのだ、といったような。

これ、うそ。この両者、おんなじ。信じてる人も、信じてない人も、なぜ信じ、なぜ信じてないのかを、考えることなく信じてたり信じてなかったりするのだからまったくおんなじ、つまり考えなし。考えることなく信じている、これを信仰という。世のほとんどが無宗教信者。
人が何がしかの宗教的なものに関わるのは、救われたいからだ、縋《すが》りたいからだと思うのは、もうやめにしてもいいのではないか、信じてる人も信じてない人も。ちょうど、きりよく二千年たつことだし。
信じてる人、聞いてください
あなたが信じたのは、自分の孤独に不安を覚えたからだった。ところで、信じたところで、あなたがあなたでなくなりますか、宇宙が宇宙でなくなりますか。いや、信じることによって自分と宇宙は一体化できるのだというのなら、宇宙自身の孤独はどうなるのですか。宇宙は自分が自分であって自分以外ではないという孤独を、何によって癒《いや》せばよいのでしょう。そのときあなたの孤独は、じつは宇宙大に拡大しただけの話ではないでしょうか。つまるところ、「あなた」とは誰ですか。あなたはそれについて、信じるのではなく考えたことがありますか。また、考えるために大勢でまとまる必要が、なぜあるのでしょうか。

信じてない人、聞いてください

あなたが信じていないのは、自分は自分であり宇宙とは別物であると信じているからだった。ところで、そう信じられるためには、あなたは「自分」という言い方で何を指示しているのかを、明確にできなければならない。それはあなたの肉体を指しますか、それとも心ですか。では心はどこにありますか。心なんてものはない、それは脳のことを指すのだというのなら、では、脳を作ったのはあなたですか。あなたの脳を作ったのは、ほかでもない、宇宙ではないのですか。ではなぜ、宇宙と自分とを別々にして考えられましょうか。人が宗教的なものに考え至らざるを得ないのは、じつは救済以前の問題なのだと、このとき気づきはしませんか。

私は、信仰はもっていないが、確信はもっている。それは、信じることなく考えるからである。私は考えるからである。宇宙と自分の相関について、信じてしまうことなく考え続けているからである。救済なんぞ問題ではない。なぜなら、救済という言い方で何が言われているのかを考えることのほうが、先のはずだからである。人類はそこのところをずうーっと、あべこべに考えてきたのだ。これは、驚くべき勘違いである。気持ちは、わかるけど。オウムの事件は、たぶん、トドメの悪夢なのだ。

新しき宗教性は、だから、いまや「宗教」という言葉で呼ばれるべきではない。それは「宗‐教」ではない。教祖も教団も教理も要らない、それは信仰ではない。それは、最初から最後までひとりっきりで考え、られるし、また考える、べき性質のものなのだ。だからその新たなる名称は、

垂直的孤絶性、とか

凝縮的透明性、とか

そんなふうな響きをもった、何を隠そうその名は、「哲学」なのである。

［九五年七月号］

6

人生最高の美味を考える

死とは何か

死はどこにあるのか

以前は死の話をすると、たいていはそれは「自殺」の意にとられた。付き合う人々の年齢が相対的に高くなってくると、さすがにそういうことは少なくなってきた。それでもたいていの人はまだ、死を、いつか先のやはり自分とは別のことだと思っている。

人々はそう思っている

私にはそれがわかる

なぜわかるかというと、まあ、わかるのである。もううんと高齢の、傍目《はため》にはもう、と思われるような人でさえ、それでも自分の死を明日かもしれないとは思っても、いまのここだとは思っていない。まず思っていない。なぜ思わずにいられるのか、それが私にはわからない。死を、いまの今ではない、いつかの先に設定して生きる人生の構え、これが私には本当に理解できないのだ。別に責めているわけではないのだけれど。

「人生の意味」と誰もが言う。あれやこれや、求めたり、悩んだり。

「一度限りの人生だから」

しかし、そりゃあ、本当か。本当にそう思ったうえでの、あれやこれやなのか。「一度限りの」と思うためには我々は、何について考えておかなければならなかったはずか。直線的に前方へと進行してゆくと思われている時間軸の、その終端と思われるかの地点は、じつは茫漠と消えるにまかせたままではいないか。人生を画然たる線分として限るためのもう一方の端を、人はじつは見出してはいないはずなのである。それなら、「一度限りの」という前提もまた、もろとも、ほろほろ、崩れ始めるはずではないのか。

誤解なきように、私は、人生は一度限りではないと言っているのではない。前世とか来世とか転生とか、何かその手のことを言おうとしているのではいまはない。そうではなくて、もしも人が、人生は一度限りであるということを前提にその意味を求めようとするならば、生における死の位置を明確にしておくことなしには、それは不可能だと言っているのだ。

ならば死はどこにあるか。終端におけるそれが、あくまでも不分明なままならば、私たちは死を、生のどこに見出すことができるのか。

いまのここ

と、私は言った。生を生たらしめているものは、生ではないものすなわち死である。瞬間瞬間の生を瞬間瞬間の生たらしめているものは、瞬間瞬間の死である。だから死はいまのここにある、と私は言ったのだ。ところで、

「ここ」とは、どこか

「ここ」と言うとき、そこはもうここではない

「ここ」なんて、どこにもない

だから死はない、したがって生もない
　なんとまあ不可思議にも明瞭すぎる話

なのに、これがたいていの人には、全然明瞭ではないのである。生は確かで、死はなんとなく先のことなのである。そうして漠然と根拠なく設定した期間のうちに、あれを求めたり、これを悩んだり。例のライフプランてやつ。私、そんなの生まれて一度ももったことがない。

　それじゃまるで人生に意味なんかないみたいじゃないですかそんなの私の知ったこっちゃないわよ。別に責めてるわけでなし。好きに生きればいいのだし。

　ただ、少なくとも私は、生来の変てこな論理癖によって、生は確かで死は先のこととして人生の意味を求める仕方は、もしも人生に意味を求めるとするならば、決定的な勘違いだと知っている、というそれだけのことである。

［九五年六月号］

人はなぜ死を恐れるのか

前項での死の話は、生が生なのは死があるから生なのだが、死は無であり、無は無いから無なのだから、死なんてものはじつは無い、したがって生もまた人が信じている仕方では確かではない、といった極めて論理的な話でした。

で、この項は、論理的でなく現実的な話かというと、やっぱりそんなことはないのである。普通に人が、「論理的にはそうだが現実的には」という言い方で言う「現実」という言葉、それをこそ明らかならしめるための論理なのだから、この言い方はあべこべである。そんなふうな逃げ道など最初からないと、潔く腹をくったほうがいい。現実を現実たらしめているところの論理のほうが、現実以上に現実的なのだ、ヘーゲルという人もそう言った。「すべて現実的なものは理性的である」。べつにヘーゲルが言わなくたって、そうなものはそうなのだから仕方ない。私のせいではない。

私は自分のことを変わっていると思ったことはなかったのだが、あんまり人が変わってる変わってると言うので、どこがそんなに変わっているのか、考えてみたことがある。そして、その最たる要因は、どうやら「いのち根性が全然ない」、ということにあるらしいと気がついた。「いのち根性」、これは私の造語なのだが、とくに生きていたいというふうには思わないのである。したがってそれは、死にたいということともまた少し違うのだが、死ぬのがちっとも嫌《いや》でないので、人がなぜ死ぬのをさほどに厭《いと》うのか、それが私にはわからないのである。

とはいえじつは、わかっている。普通に人が、死ぬのは嫌だと思っているのは、死んだら、したいこと、したかったことが、もうできなくなるという理由によるようだ。しかし、これはおかしい。なぜなら、死んだら、したいことができないと悔やんでいるところの主体も、無いはずだからである。可能性を失ったと思うところの主体が無いのだから、可能性を失うということも、ないのである。すると人は、何を失うことを恐れて、死を恐れているのだろう。

失うことは怖《こわ》くはないが、死んだら無になる、それが怖いしかし、これもやはりおかしい。無なら無で、無を恐れている主体もそこには無いはずだから、無を恐れるということも、やはりできないはずである。

いや、生の側から見た無としての死が怖いのだそれならなおのこと、これはおかしい。生の側から死を見るとは、いったいどういうことなのか。無を見るとはどういうことなのか。見えたらそれは、無ではないではないか。

どんなに頑張って、どの角度から考えてみても、無なんてものは絶対に無いのだ。我々には死なんてものは、無いのだ、無なのだ、あり得ないのだ。なのに人は、無であるところの死を恐れる。つまり、現実には「無いもの」を恐れて生きているのだから、こんなに非現実的な態度ったらない。現実を直視せよ。

無いなら無いで、それに越したことはないではないか

根っからものぐさな体質の私は、むしろそう感じる。確かソクラテスもそう言った。

「夢を見ない眠りほどの幸福は人生にはない。死もまたそうであれば」

しかし、である。悔しいかな、ああ悔しいかな、無は無いから無なのだった、我々には在《あ》ることしかできないのだった。生きようが死のうが、存在することしか我々にはできないのだ。

私などには、このほうが、よほど困る。絶対無を渇望しつつ永劫に存在するこの「私」を、ああ、どうしてくれましょう。

［九六年九月号］

生死とは論理である

立花隆さんという人は、おっちょこちょいな人だなあ。先日、NHKの「人間大学」で、臨死体験の話をされているのを聞いて、私は思った。気持ちはわかるのだけど。

政治や経済、せいぜいインターネットくらいまでなら、調査とデータとデータ分析で、わかりたいことはわかるだろうが、こと、「死」、生きているというまさにそのことにおいて誰ひとりわかるわけのない死について、調査とデータとデータ分析でわかるだろうと思って頑張っている立花さんは、ちょっと気の毒みたいだ。

カテゴリー・エラーというより、ジャーナリズムの限界だろう。私は聞いていて、なんだか痒《かゆ》くなるような心地がした。臨死体験者の何パーセントはお花畑を見、さらに何パーセントはそこで先に死んだ人に会った、これだけの事例で性急に結論づけるわけにはいかないが、さらなる調査によって、臨死体験はどうも現実のものと言えるのではなかろうか。

そんなに知りたいのなら、死んでみればー

意地悪でなく、率直に私はそう思った。何百何千の事例を集めたところで、臨死体験を語る人は、ひとり残らず、生きている人である。死を語っているのは、生きている人である。あれは、どこまでも、生きている人の言葉なのである。生きている人に、死のことは、逆立ちしたって語れやしないのだ。そして、死んでいる人には、逆立ちも、語ることも、できやしないのだ。したがって、どうしても生きているうちに死のことを知りたいのなら、自分で死んでみるしかないのである。

生死について考えるためには、事例は不要だ、論理だけで十分なのだ。氏においては、「死とは何か」という問いに対して、事例によって答えが為《な》される。その限り、「死とは何か」と問いながらも、じつは「死」は氏にとって、すでに自明とされているのだ。事例によって答えが為されるそのようなものとして、すでに自明なものなのだ。しかし、何が自明か。自明ならば、なにゆえにそのように思い悩んでおられるのか。つまり、「死とは何か」と問うて、事例によって答えが為されるところのその「死」こそが、問われているのだから、事例はその答えにならないということである。

あるいはまた、「死後の世界は在るか無いか」という問い方が為される。何をもって「死」と言うかが明瞭でないのに、何をもって「死後」と言うべきか。在る側の我々が、「在る」と言うなら同じ「在る」だし、無いなら無いで、無いことの無いを、在る我々はいかにして知り得ましょうか。

さらにはまた、「脳内現象」か「現実体験」か、という判別の仕方が為される。脳内現象なら幻覚で、現実体験こそ本当ということらしい。しかし、なぜ脳内現象が現実体験であってはならないのか。脳以外の何が現実を体験しているというのか。幽体離脱なるものは「脳外体験」であるとして、それすら脳の見る夢であって何の不都合があろう。脳の見る夢であっては困るのなら、そんなの、夜毎《よごと》のことではないか。ましてや、白昼のこの現実が、脳の見る夢であることには、もっと困っていいはずではないか。なにゆえに臨死体験ばかり、その真偽が問われるのだろう、問えると思っているのだろう。

私には、凡百の臨死体験なんぞより、臨生体験、自分がいまこの生に臨んでいるというこのことのほうが、はるかに理解し難い不思議である。先に考えるべきは、こっちである。臨死のお楽しみは、最後のことで、よろしいのではないでしょうか。

［九六年一〇月号］

精神と肉体という不思議

私は、自分は生きるのによくよく向いていないと思う。

この場合の「生きる」というのは、「生活する」「生存する」の意であって、人がしばしば、生活や生存それ自体のことを「生きる」と称するのを、いまだもって理解できない。せんだって私は、「いのち根性」が全然ないから私は変わっていると思われるようだと書いたが、これにはもうひとつバージョンがあって、「精神性以外のものを価値と思ったことがない」。

ものごころついたときから私は、この世に精神性以外のものがあると思ったことがなく、人が精神性以外のものを価値として生きているのは、あれは一種の韜晦《とうかい》なのだ、あれはああいうフリをしているだけなのだと、わりと最近まで思い込んでいたのだ。だから、あれは、フリではない、まるきり本気なのだと気づいたときには驚いた。驚いたけれども、やっぱり私は変わらなかった。したがって、人からは変わっていると思われるのは当然なのだ。なぜなら、人は多く、生活や生存がなければ精神性もないと思っているからである。

そうでもしなければ生きられないではないか

他人事みたいに不満を言うから、私は答えた。

そうまでしてまでなぜ生きるのか

生活や生存それ自体を価値として生きることができるなら、それで不満はないはずではないか。私は、精神性以外のものすなわち生活や生存それ自体、いわんや金銭や物品それ自体を価値として生きることが、どうしても、できない。できないその見返りとして、私は、死を恐れないという特権を得ているのだからと。

まあ、ほとんど通じたことはなかったが。普通には人は、わかりたくない理屈は、わからないものだからである。

かく言う私も、わかりたくない理屈は、わからない。生活や生存のために生きる気がない、精神性以外を価値として生きることを「生きる」とは認めない。それで私は、生きるのにはまったく不向きだと思っていたわけなのだが、あるとき、ふと、妙な考えが来た。

ひょっとして、人間は例外なく、生きるのに不向きなのではないか。不向きだから、死ぬのではないか。

これは、どういうことか。精神と肉体という在り方の異なるふたつのものが、なぜだかひとつになって人間である。ここに、どうしても無理があると思われる。

肉体がなければ、人は死なないのではないか

右、当たり前のことを言っていると思いますか。これを変換してみましょう。

精神だけなら、人は死なないのではないか

ところで、死なんてものはどこにも無いのだった。普通に人が「死」と思っているのは、死体すなわち死んだ肉体のことであって、死体は在るが、しかし死は無いの

である。肉体は死ぬが、死は無いのだったら、精神は在るのではないか、生きるのではないか。

さて、右の「生きる」がすでに、「生活する」「生存する」の意でなくなっているのは明らかである。「死体が生存する」とは意味を成さないからである。事態のこのような奇妙さを、やはり認識した昔の人々、たとえばイエス・キリストなどは、それで、このように言ったわけだ。

「生きながら、私において死ぬ者は、永遠の生命を得るであろう」

ぐっと人生訓ふうにして、

「人はパンのみにて生くるにあらず」

［九六年一一月号］

死んだ人は生きている

私は、他人の死というものを、「悲しい」というより、むしろ「おかしい」「変だ」というふうに感じる。

というのは、死んだ人は死んでいるのだから、自分の死を悲しいとは思っていないはずなのだから、悲しいと思っているのは、したがって、死んだその人ではなくて、生きている側の人である。生きている側の人が、死んだ人はさぞ悲しかろうと思って、そのことで悲しく思ったりするのである。しかし、死んだ人は悲しくはないのだから、死んだ人のことを悲しく思っている生きている人は、すると一方的に悲しんでいるだけということになる。悲しみというのは、多分に、自分勝手なものなのである。生まれてきた子供が、喜んでいるかわからないのに、一方的に喜んでいるのと同じである。

そんなふうな視点をもつと、人の死を悲しむというのは、かえって何かこう分を越えたことをしているような気持ちに、私はなる。

「いつまでも悲しんでいると、死んだ人も悲しみますよ」

という慰めは、よく考えてみると、よく出来ていて、自分が悲しいから悲しいというのは、死んだ人にとっちゃ、知ったこっちゃないことのはずだからである。

「泣かれたって困る」

もし思うとしたら、死んだ人は思うのではないか。思うわけ、ないが。

さすがにその場でそう言ったことはないが、人が死ぬのは「変だ」と感じ、ときに爆笑したくなって困るのが、葬儀の最中である。

人は、お葬式というあのセレモニーによって、いったい「何を」しているのだろう。「死者を送る」「冥福を祈る」「弔辞を読む」、これらすべて、

死んだ人は生きている

と思っているのでなければ、あり得ない行為ではないか。死んだ人は生きている、何らかの形で存在していると思っているのでなければ、人が死者のために何かをするなど、あり得ないはずではないか。しかし、そう思っているなら、なぜ人はお葬式で悲しんでいるのか。それこそ、生者の側の得手勝手ではないのか。

生きていた人が死ぬ、死んで居なくなる、ということは、どう考えても変なことだ。人がそれを「変だ」と思うより、「悲しい」と思うことのほうが多いのは、人生という出来事を、形式の側からでなく内容の側からのみ見ることに慣れているからだ。人生の内容とは、自分は誰かであって、苦しみとか喜びとかの感情とともに、前方へ向かって生きているといったような意味的内感である。対して、人生の形式とは、ほかでもない、生死というこの枠である。枠それ自体は、無時間、非意味、非人称である。どうしてそうなのだか、それこそ私の知ったこっちゃないから、それは形式と呼ばれるのである。

ところで、この形式をそうと見ているところのこれ、これは、それでは、誰なのか。巨大な疑問符《はてな》が、ここにおいて笑いへと炸裂する。しかし、お葬式の最中だけは、やはり、まずい。

非意味の形式の側から、意味らしき内容の側を見るときの端的な感情、これをひとことで言うと、

「あ、ばかばかし」

となる。私は自分の人生の毎瞬を、わりとそんなふうに感じる。馬鹿にしているのではない、可笑《おか》しいのである。お葬式で泣かれても、ちょっと困る。

自分の葬式、式次第を指示しておく人がいるという。あるいは、夫と同じ墓に入るのは「いやだ」とか。内容のほうから形式を見ようとするときに起こりがちな、ほほえましい勘違いである。私ならいっそ、私の葬式をこのように指示しておく。泣いてはならない、しかしまた、決して笑ってはならない、と。

［九六年一二月号］

死を信じるな

結局のところ、「死」こそが、人間にとっての最大の謎であり、したがって、また魅惑なのだ。

少なくとも私は、そうである。言葉と論理、すなわちすべての思考と感覚が、そこへと収斂し断絶し、再びそこから発出してくる力の契機としての「死」。この人生最大のイベント、これの前には、生きんがためのあれこれなど、いかに色褪《あ》せて見えることか。死を恐れて避けようとし、生きんがためのあれこれのために生きている人は、死を考えつつ生きるという人生最高の美味を逃していると言っていい。

ところで、死を考えると言って、この世の誰が自分の死を考えられたことがあっただろうか。自分の死なんてものは、じつは、どこにもないのだった。あるのはただ累々たる他人の死ばかり、自分の死なんてものは、無いのだった。すると、無い死を考えつつ生きるというのは、どういうことだったのか。

人が通常、何らかの態度を取ることができるのは、それが存在している場合に限られるのであって、そも存在していないものに対しては、恐怖どころか憧憬という態度もまた、じつは取れないのである。したがって、死に対して取られるべき最も正確な態度は、それを、無視する。文字通り、「無いもの」として振舞う。人生最大の魅惑的イベントであるはずの死が、最もどうでもいいものということになるのだから、やはり人生は、変である。まったくもって、困ったものである。

ところで、普通に人が何らかの宗教を信仰するに至る心の根底には、この「死への恐怖」が、大きな要因としてあるようだ。しかし、繰り返しくどくど言うように、死は、存在しないのである。存在しないものは怖がれないのである。なのに、死を恐れて宗教を信仰する人は、じつは、宗教を信じる前に、死を信じていると言っていい。死が存在すると信じているから、その恐怖を失《な》くする方法として、宗教を信仰するのだ。なぜなら、宗教は、こう信じさせてくれるからだ。「死は存在しない。生命は不死である」。

「死は存在しない」というこれは、私が述べているそれと同じことを述べているようだが、まったく逆である。私は、死は、考えられないから存在しないと言っているのであって、存在するから信じなさいと言っているのではない。私は、思考の事実を述べているのであって、宗教は、感情の物語を述べているのだ。

なるほど、「不死」と言うなら、確かに不死と言っていい。しかし、これもあくまでも事実としてそうなのであって、信仰としてそうなのではない。なぜなら、不死を信じるためには、まず死が信じられていなければならないからである。

信仰としての不死とは、じつは相当心もとないのでなかろうか。ひょっとして違うかも、ちらと疑ったりとか。

物語を信仰しようとするから、その手の迷いも生じるのだ。思考の事実にのみ即して考えれば、いかなる疑いもあり得ない。

たとえば、「死後の生」という言い方、あれは何か。生ではないもののことを死と呼ぶということに、我々は決めているのだから、「死後の生」という言い方は、ないのである。そういうものが「何もない」と言っているのではない。なぜなら、無は無いからである。存在のみが、在るからである。無くなることなく常に在るから、それは「存在」と呼ばれるのだが、生前死後にかかわらずに存在であるその存在、それと、この「私」との結託関係、これこそが究極の謎なのだ。したがって、また魅惑なのだ。これこそが、じっくりと考え抜かれ、味わわれるべき人生最高の美味なのであって、そんじょそこらの宗教にくれてやるなんて、そんな、もったいないこと。

7

あなたが、あなたである理由

魂を考える

自分が自分である根拠

「魂」の語によって、人は多く、長い白髭の厳かな老人を表象するように、「神」の語によって、人は、半透明のおたまじゃくし状の浮遊物を表象することが多いようだ。それはたぶん、「私」の語によって、己《おの》が容姿を反射的に表象しているのに対応しているのだろう。

この具体的表象というのは、まったくもって厄介なヤツで、どこまでも抽象的思考の障害物になろうとする。これに対して我々は、どこまでも自覚的であることによって、これらの撤去に相努め、さらに前進するべきである。

私が、このところもっぱら「私」ではなく「魂」のことばかり考えているのは、形而上的形式としての「私」と、この人間すなわち池田某という形而下的内容との結合関係を納得したいと、強く感じるようになったからである。「私」という形式は、それ自体としては文字通り何者でもないが、その何者でもない者が、よりによって、いまここで池田某をやっているのは、なぜなのか。

なるほど、形式は形式として内容から独立して存在し得るが、しかし、この形式への問いを、ある者は解し、ある者は解さないのはなぜなのか。そこに示されているのはほかでもない、内容における差異ではないのか。この差異とは、では何か。今度はそちらの側が、どうしても気になってきたのである。少々ややこしく聞こえる右の疑問を、普通の言い方にしてみると、

ある人がその人であって別の人でないのはなぜなのか

これである。

私が、「魂」の語を自分の辞書に見出したのは、そんなときだった。「意識」という語は、私にとってはとうに自明なものだった。その遍在性すなわち非人称性によって、自在に事象を認識しているところの当のもの、精神において思考し、肉体に

おいて知覚するそれが、自身を指示しようとして発語するとき、「私」と言う。その限り、「私」という形式は、精神をも肉体をも指示しない。指示しようとしているまさにその当のものしか指示しない。「私」が唯一であるというのは、その意味でしかないのである。

にもかかわらず、と池田某は考えた。このような妙な問いと妙な思考を所有しているのは、なぜよりによって池田某なのかと考えたとき、まるで待ち構えていたかのように、「魂」の語がやってきた。それは、じつに深い納得とともに、ぴたりとここにはまったのだった。ああ、そうだったか——。

意識の非人称性と「私」の唯一性、しかし、この世界に明らかに存在する個性すなわち固有性を指示するための言葉として、「魂」よりも的確な言葉を、いまのところ私は見出していない。いや別に私が見出したのではなく、はるか昔からそこにあったのを思い出したというだけなのだが、だからこそ、この言葉、舌の上で転がしてみるほどに味わい深く、馥郁《ふくいく》と香り立つ。近現代哲学の「意識」に相当する語は古代にはなく、心、生命、霊魂などの意を一括するものとして、「プシューケー」の語があったようである。

ところで、この「魂」という語、現代日本においては決して死語というわけではないのだが、その意についてはほとんど無自覚と言っていい。「現代の魂」「魂の救済」などは、だいたい心理や感情、それらの総体としての人生の姿、などの意で用いられているようだが、私が用いたいのはそのような意においてではない。

といって、「魂」と言うと、

「あるかないか」

と来ることがけっこう多いので、これも困る。私は、ある人がその人であるところのまさにそれのことを、「魂」、と言おうとしているのだから、「あるかないか」ではないのである。この伝でなら、オバケとて、オバケであるところの彼があろう、それのことだと私は言おう。

「そう感じる」のはなぜなのか

ところで、この、

ある人がその人であるところのまさにそれ

具体的に言うと、

「私」という形式が池田某という内容と結合しているという原事実

これを論理的に考えようとすることのなんという難しさ、なぜなら、本来それは論理的に考えるべき性質の事柄ではないからである。

という、気づいてみれば当たり前なことに気づいたのも、ようやくここ数年のことである。

これはたんに体質の問題なのだが、私は元来、心理学とか精神分析とかの学問があまり好きでなく、というより、ああいった事柄がそも「学問」になるはずがない、というそこがまず好きでなく、自ら手に取ることはあまり多くなかった。心理とか感情とか性格類型とかそういった事柄は、狭く個人的にすぎ、対象がそうであるばかりでなく、その方法すらあまりに不明瞭ではないか。明瞭にして広大な理性による世界認識を知っていて、わざわざ関わることもないのではないか。そんな感じだったのである。

ところが、この、「そんな感じ」、とは何か。なぜ私はそんなふうに感じてしまうのか、感じざるを得ないのか。「魂」の問題とは、まさにそれだったのである。「たんに体質」と私は言ったが、その「たんに」がなぜそうなのか、これは少しも「たんに」ということではなかったのである。右を具体的に言ってみると、

なぜ池田某は論理的に考えることのほうを好ましいと感じるのか

となる。しかし、「なぜそう感じるのか」の「なぜ」を論理的に考えること、これができない。これがどうしてもできないことなのだ。なぜなら、「感じる」という

そのことが、論理的に考えることではないから「感じる」と言われるそのことだからである。すると、これは、なぜなのか。

「生まれつき」という奇妙な言葉を人間は辞書にもっていて、この言葉は便利なぶんだけじつに安直で、よく吟味してみると、何を言ったことにもなっていない。「なぜその生まれつきなのか」をこそ問うているのだから、「生まれつきだからだ」では答えにならないのである。

遺伝すなわち生物的要因は、生物的要因である限り、形而上的形式としての「私」とは関係しないが、形而下的内容としての某とは、その限り関係する。けれども、問いは、なぜその「私」がこの某なのかという問いを発するこの某なのか、これなのだから、遺伝的要因は答えの一部ではあってもすべてではないのである。

一部ではあってもすべてではない
といったふうな、こう痒くなるようないさぎの悪い言い方が、たまらなくじれったいと私は感じる。しかし、なぜそう感じるのかということを、きちんと考えようとすると、こう感じることになるのだから、感じることは考えることよりも広い。もしくは、感じることは考えることに先立っている。これが、私の言うところの「魂の体質」、決して形而下的内容のみを意味しない。「内容」というより、むしろ「ベース」と言うべきか、その人の人生の基調としての基本的傾向とか色調とか、そういった意味合いで、「魂」の語を私は使ってみたい。

じっさい、「『私』を考える」よりも「『魂』を感じる」ほうが、少なくともいまの私にとってはずっと難しいと感じられる。なぜなら、「『私』とは何か」という問いを所有しない人は存在するが、人生を所有しない人は存在しなかったからである。「私」よりも「魂」のほうが、当たり前さという点では、はるかに当たり前だったからである。

人生とは魂の歩みである

なにもかも当たり前すぎる
という感じになる。この「魂」という視点から、この世界を眺めてみると、
なんだ、そうか、そうだったか
という深い納得の感覚に浸り込むことになる。ちょっと立ち止まって、とくに考えなくてもいいから、ちょっと想ってみてください。
ある人がその人であって別の人ではない
とか、
人はそれぞれみな違う
とか、

それぞれの人が自分の人生を歩んでいる
とか、なんとまあ当たり前な、しかし、その姿のなんと明瞭であることか。
人は普通、「人間」という語で、この外見を表象し、「人はみな同じ人間」と思っている。外見によって、人間は人間だと思っているのである。しかし、ときには逆に「人間」の語で、その内面、すなわち心理や感情や性格類型を表象し、「人はみな同じでない」と言ったりする。要するに、「人間」の語によっては、何ひとつ明瞭なことは言われていないのである。

では、ここで試みに、「魂」と思ってみてください。ある人がその人であって別の人ではないのは、それがその「魂」だからであり、人がそれぞれみな違うのは、「魂」がそれぞれ違うからであり、人の人生の歩みとは、その「魂」の歩みなのだと、あれは「魂」が歩んでいるのだと、こういうふうに思って、この世界を眺めてみてください。「外見」と「内面」というぼやけた二重性が、「魂」という焦点において、くっきりと像を結ぶのを感じませんか。

あの人はああいう人なのだ
あれはああいう「魂」なのだ
というこの認識の明瞭さ、しかしこれは決して心理、感情、性格類型のことではない。そんなものは、それこそ後天的要因によっていくらでも変わり得るものだ。したがって、そういったものを勝手な理屈で解釈、分析して後づけたところで、何を認識したことにもじつはなっていないのだ。

だから、そうではなくて、うんと大胆な言い方をすると、その人の全人生、誕生から死亡までの一切が余さずにそこに示されてあるようなそれ、それのことを「魂」、と呼んでみたいのである。

まだ死んでないのに、そんなのわかるか
当然である。しかし、わかるのである、わかるものなのである。死んでようが死んでまいが、「魂」はそれとは無関係なのである。最もわかりやすい例、「天才」という魂で考えてみたい。

「モーツァルト」が天才なのではなくて、モーツァルトの「したこと」が天才なのである。何もしなかったモーツァルト、作曲しなかったモーツァルトとは、我々の知っている彼ではないだろう。そんな彼のことは我々は知りもしなかっただろう。明らかな神技として作曲し、目眩《めくるめ》く去った彼、それがモーツァルトという「魂」なのである。モーツァルトの「魂」ではない。彼とは別に何かそういうものがあるのではない。そうではなくて、あの稀有なる才能、それこそが「魂」、すなわち「彼」なのだ。

はっきりと、わかるではないか。モーツァルトは、誰が見ても、モーツァルト以外ではないではないか。

天才に限らない。我々凡人においてさえ、各種の得手不得手、端的に好みとか、「なぜそうなのか」、人は自分に説明できるだろうか。なぜそうなのかはわからないが、明らかにそうでしかあり得ないそれ、それが、「その人」という魂なのである。

ものすごく当たり前じゃないですか。

自分と宇宙と魂の秘密

では、「魂」とは何か

いやこれがもうさっぱりわからない。ほんとにこれはわからないのである。論理的思考というのは、一種方便のようなものであって、論理によって指示されるところのそれは明らかにそれなのだが、ところでそれは何なのだ、返す刀でこう問われると、これには見事にお手上げなのだ。

あの明晰判明のプラトンにして、人生の目的とは魂を世話して善くすることである、と明言しつつ、ではその魂とは何か、と言おうとして、神話的比喩に頼らざるを得ない。神から神々、諸天体、地水火風に幾何学まで導入して、四苦八苦しているのである。

けれどもじつはそれ以前に、ヘラクレイトスという思索者は、はっきりとこう言っていたのだった。

〈魂の際限を、君は歩いて行って発見することはできないだろう。どんな道を進んで行ったにしてもだ。そんなに深いロゴスを、それはもっている〉

「どんな道を進んで行ったにしても」、つまり、論理の向こうは闇の手探りということだ。「深いロゴス」は、とうに論理を意味しない。2たす3は、5とはならない。といって、論理を放棄するのではない。論理的に考えることと、論理以前を感受することとは相反しないし、また両立し得ないものでもない。どころか、「宇宙」を思索することの面白さは、じつはここにこそあると言っていい。

たとえば、無限の質を感受しつつ宇宙を前方へと進んでゆく。前進していると思うのである。しかし、このとき人は、宇宙について考えているのは自分であるということを忘れている。そして、忘れていたということに、ふと、気づく。「考えているのは、自分である」。この瞬間、内的宇宙と外的宇宙とが目眩《めくるめ》く逆転し、主観と客観とが、そのとき考えられていた最大の幅においてぴたりと重なることになる。重なったそれが、自分であるというまさにそのことなのだから、この自己拡張の面白さったらコタエられない。妄想と言われようと、こればかりはもうやめられない、やめようがない。

古代人が、諸天体や自然現象が魂をもつ、あるいはそれ自体が魂である、と考えるに至った論理的な根拠もここにある。客観について考えているのは主観なのだから、そのことの質に気づいてしまうと、どこまでが自分で、どこからが宇宙か、言うことができなくなるのである。

宇宙と魂とは、物理的エネルギーの混交形態だと考えた人もいるし、いやすべては神的な知性から始まったと考えた人もいる。その限りは無生物も人格をもつはずだが、しかしだとすると「人格」という意味が不分明になるうえ、宇宙全体として魂の数が合わなくなるじゃないか、とか、みんな相当に苦労しているのである。

あらゆる思索と想像力を受け容れてなお、その際限は発見できない。それほど深いロゴスを、この「魂《プシュケー》」という語はもつのである。

おそらく、「私」とは、魂におけるたんなる形式であろう。ある魂が自身の枠として「私」と発語する、それだけのことではなかったか。魂の固有性を問うことから始まる宇宙への思索の開けは、「私」という発語を、あってもなくてもどっちでもいいようなものにすると感じられる。この感じとは、言ってみれば、「私の魂」ではなく「私が魂」なのでもなく、「魂の私」というのが最も正確な、そんな感じである。「私」が先なのではなく、「魂」が先なのだ。ない魂は、発語し得ないからである。

しかし、なぜよりによって、その「私」がこの「魂」なのか、形式と内容の結合の不思議は、宇宙に訊いてみるほかあるまい。そして、宇宙に訊くというのは、言うまでもない、己《おの》が魂に訊くということである。

さて、このとき、「己が」と言っているのは、誰なのか。

魂は存在し続ける

「無意識レベルの性格傾向」とか、

「抑圧的記憶による心的障害」といったような、大げさなわりには大したことを言ってない物の言い方が、それこそ「体質的に」合わないことが、いわゆる心理学から遠ざかっていたことの一因でもあるのだが、

なぜ自分はこうとしか感じられないのか

なぜ彼はああとしかできないのか

というのをきちんと考えようとすると、なるほどこういう物の言い方にならざるを得ないところが確かにあるなあ、遅まきながら気がついたというところである。

それでも、この「無意識」とか「記憶」とかの言葉、やはり不明瞭と思われる。

往々にして心理学は、「ある人がその人である」という明瞭な事実を認めることから考え始めるのでなく、そういった不明瞭な事柄を「解釈する」ことの側から、「ある人がその人である」という事実のほうへ至ろうとする。これは、あべこべである。「ある人がその人であるのはなぜなのか」における「なぜ」は、それらの「無意識」とか「記憶」とかを含み込んで、なお問われ得る「なぜ」だからである。

仮に、ある人がその人であるのは、そのような無意識やら記憶やらによることを認めるとしても、ではなぜその無意識でありその記憶なのかは、不明なままだ。ある人がその人であることの謎は、依然として、謎である。謎は、その人の無意識や記憶がある一定の傾向を示すのはなぜなのか、なぜその「定数」なのか、これなのだから、それなら無意識やら記憶やらをもち出さなくても同じことである。

以前私は、苦しまぎれに、「魂の初期条件」という言い方をしたことがある。俗に言うところの「生まれつき」、無意識や記憶をもち出すことなく、ある人がその人であることの不思議を言うことができる。

何を言ったことにもなってないではないか

そうなのだ、何を言ったことにもなってないのだ。なぜなら、それについて何かを言おうとすると、これはもう避け難く、「生まれつき」の「生まれ」以前について、言わなければならなくなる。それで私は、言おうか言うまいか、いつもここでは相手を見てから言うことにしているのだが、

以前に生きていたことがある

どうしても、そう言わざるを得なくなる。のだが、何かこうえらく大変なことを聞いてしまったというふうな反応をする人のほうが多いので、あまり言わないだけである。

だから、なんだというのだ

そう言いたいのは、ほんとはこっちのほうなのだ。そういった事柄に過剰に反応するのは、そういった事柄によって自分の人生が大きく変わるというふうに思うからだろう。しかし、残念なことに、そんなことはまったくないのである。自分が自分

であり、人生は生きるしかないというこの事実に、何ら変わりはないのである。そちらが事実であればこそ、こちらの事実に変わりがないということは、とくと肝に命じておいてよい。

どころか、無意識とか記憶とかの小手先の小細工で、有限と決まっているほうの自分の解釈などしているよりは、いっそ宇宙大の無意識と宇宙大の記憶をもってきて、無限大の自分を考えるほうが、はるかに生産的で、しかも深く納得がゆく。

「私」は唯一である

そして「私」はこの人間である

ところで死は存在しない

したがって「魂」は存在し続ける

これが、私が「魂の私」という変な言い方で言おうとしている事柄の、「論理」構造である。

「論理」は変でも、人類の神話はすべてこの構造をもっているようである。

8

幸福という能力

「魂の私」を生きてゆく

あなたはなぜ満たされないか

多くの人は、「幸福」というのを、何がしかのあれこれのことだと思っているように思う。財産、権力、名声、あるいは才能とか容貌とか、そういったあれこれのことを、「幸福」と思っていることが多いように思う。

しかし、ほんとにそうだろうか。ほんとにそういったあれこれが幸福なのだろうか。だとしたら、それらのすべてを手にした人、もしくは現代日本の人々などが、必ずしも自分を幸福だと思ってはいないのは、なぜなのか。

という話の筋では、これはほとんど、だからこそ「清貧」、というふうにゆくわけだが、これは、金満への懲らしめとしてはあまりに非力と言っていい。そもそも金満を価値だと思っている人に、違う、清貧こそが価値なのだと言って、聞くわけがない。

「善悪」の章で私は、「善」とは内容ではなく形式であると言ったが、同様に、「幸福」もまた、内容ではなく形式なのだ。そもそも器がないところに、あれこれ中身は盛れないだろう。そも善ではない魂に、あれこれ規則を与えることで、その魂自体が善になるわけではないように、そも幸福ではない魂に、あれこれ物品を与えることで、その魂自体が幸福になるわけでは決してない。どころか、そういったもろもろのことを幸福だと思っているまさにそのことによって、その魂はいよいよ不幸のはずである。なぜなら、彼はそれらを追い求めなければならないからである。しかし、追い求めて手に入れたところで、そもそも器にでっかい穴があいている、器の底が抜けているのだから、決して満たされることがないのは道理である。

とはいえ、金満が内容なら、清貧とて内容なのだ。ほどほどの暮らし、欲しがらない心、スローガンとしては確かにそうなるのだが、「ほんとのところは」、金が欲しい、あれも欲しい、満たされない心の裏返しとしての清貧という価値なら、これは同じことである。いや、素直でないという点では、ひょっとしたら少しひねくれているかもしれない。

「幸福」の名で、人が反射的に、「暮らし」もしくは「暮らしぶり」を表象してしまうのは、いったいいかなる習性なのか、いつ頃からの癖なのか。しかし、この習癖それ自体がじつは、見事に不幸を示している。なぜなら、幸福であることができるのは、それら暮らしのほうでなく、それらを暮らしている「魂」のほうだからである。暮らしを容れる器としての「魂」、これだけが、いかなる中身をも幸福にすることができる当のものだからである。

幸福な魂は、金満であれ清貧であれ、幸福だろう。不幸な魂は、金満であれ清貧であれ、不幸だろう。これが、私が、幸福とは内容ではなくて形式、すなわちその魂の「構え」のことでしかないと言うゆえんである。

「幸福」の語によって、あれこれ中身を表象する人の不幸は、たとえば、そこには必ず比べる心があることだ。自分と他人を、自分の暮らしと他人の暮らしを、比べる心があることだ。しかし、自分の幸福に完結している魂が、いかなる理由があって、他人のそれらを気にするだろう。他人と比べて不幸、他人と比べて幸福、そのようでしか幸福であり得ない、これは不幸なことである。

しかし、幸福とは、我々にとって最高の価値ではあるまいか。すべての人間は幸福であることを欲し、不幸であることを欲することはない。幸福であることができるのは自分であり、またすべての人間が自分であるなら、なぜ人は、自分で幸福であろうとはしないのだろうか。自分以外のいったい誰が、幸福であることができるのだろうか。右、例によって何も言ってないように聞こえるかもしれないが、

幸福とは物ではなくて心である

という言い方は、あんまり陳腐かもしれないと思って、そうは言わないだけである。

苦しみは喜びである

幸福とは物ではなくて心である

というのを、

幸福は外ではなくて内にある

と言い換えると、いくらか陳腐でなくなるだろうか。しかし、なお陳腐に聞こえようと、当たり前すぎることというのは、必ず耳には陳腐に聞こえるものなのだから、これは仕方ない。ちょっと聞くと、右は、

幸福とは内容ではなくて形式である

というのと逆を言っているように聞こえるかもしれないが、そうではない。形式とは「魂の構え」のことだと私は言った。魂の構えとは、つまり、それが何なのであ

れ、それを幸福と「感じる」「感じられる」、そのような魂の「在り方」のことである。極論すれば、そこに何もなくても、何によらなくても、それ自身で幸福である、そのような魂のことである。外的なあれこれがなければ、外的なあれこれによらなければ幸福でない、このような魂は不幸である。なぜなら、そのような魂は同時に、外的なあれこれによって不幸にもなり得るからである。一般的には不幸の側に分類される事柄、貧困とか病気とか各種の災難、それらとて、幸福な魂にとっては不幸ではない。それでも自分は幸福だと、幸福を感じているはずである。幸不幸は、「境遇」とは別のことだ。偉そうに言えるほど、私とて十分に幸福であるわけではない。

けれども、きちんと考えれば、間違いなくそうである。幸福とはこういうこと、これが幸福すなわち魂の理想形であることは間違いない。けれども、これが何か難しいことのように感じられるのは、幸福であるということは、つまり一種の能力だからだろう。「能力」というのが妙に聞こえるのなら、「努力」と言い換えてもいい。幸福とは、努力である。

だから努力してるんじゃないの

と言うあなた、おそらくあなたは逆のことを言っている。幸福は外的なあれこれによらないと私は言った。したがって、外的なあれこれの獲得のために費やされる努力は、この場合、努力とは言わない。私の言う努力とは、外的なあれこれによらなくても、いかなる境遇にあろうとも、それ自身で常に幸福であることができるための、魂の努力である。

ところで、努力とは、善くなるために為されるものであって、悪くなるために努力する人はいない。悪くなるために為されるのは、努力ではなく堕落と言われる。堕落に努力は伴っていない。だから、堕落した人は悪い人なのである。そして、堕落した人のことを不幸な人と我々は言う。したがって、善くなる努力をしない人は、幸福ではなくて不幸なのである。幸福とは、善い魂のことである。善い魂であるということが、幸福であるというそのことなのである。善くなるために努力している魂もまた、幸福である。その努力が幸福になるための努力であるということを、知っているからである。善い魂は、いかなる外的な悪によっても不幸になることがない、そのことによって幸福なのである。
ところで、努力とは、必ず苦しいものである。楽な努力、そんなものはない。楽なことは、たんに楽なのであって、そこに努力は伴っていない。善くなるための努力は、必ず苦しいものである。しかし、善くなることは幸福になることなのだから、これをつづめて言うと、

善く苦しむ
苦しみは喜びである

幸福とは、これである。そして、これ以外の何かではあり得ない。

アーメン

と、思わずくくりたくなるほど、牧師の説教によく似てくる。しかし、論理だけで考えてもこうなるのだから、真に宗教的な人々の直観的な心には、私は素直に頭《こうべ》を垂れる気持ちになる。

宿命は魂にある

一般的には「不幸」に類する境遇にあるように見える人の口から、

「それでも私は幸福だ」

のひとことを聞くとき、我々は、驚く。驚いて同時に、驚いた自分の不遜を恥じる。幸福である能力において、この人は、我々より数段優れていたのだ。この能力を、この人はどのようにして身につけたのか。

「生まれつき」身につけている人がいる。これは明らかに才能である。いかなる境遇に生まれついたのであれ、そのこととは無関係に幸福であることができる魂、これは天賦の才である。彼は「祝福」されている。

逆に。

私事で恐縮、いけないほうの例として、私は自分のこの妙な性癖が呪わしくて仕方ない時期があった。

なんで私は普通でないのか

なんで私ばかりがこうなのか

妙な性癖をもって生きるというのは、生身の側にはけっこうキツイものがあって、「普通」との距離がうまく測れないのである。そんなこんなで、「自分」を呪うというより、正確には自分の「宿命」を呪う、そういう時期がわりと長かった。

しかし、宿命とは、変えようがないから宿命なのだから、呪おうが嘆こうが罵倒しようが、そうであるものはもうどうしようもないのだから、あるとき私は、「居直る」ことに決めた。この宿命なのだ、文句あるか。

しかし、いったい「誰に対して」居直っているのか、居直りというのはやはりどこかに無理があるのらしく、それはそれで段々に疲れてくるものなのである。宿命を認め、宿命に沿うこと、それが幸福つまり心の平安であることは、そう書ける程度には理解しているのだが、えいくそっと思う部分がいまだにある。幸福である能力において、私はまだまだ劣っている。努力をしながら、苦しんでいる。

変人に限った話ではない。凡庸とてひとつの宿命であろう。およそ人の不幸とは、自身以外のところに自身を見出そうとするところにあるのだから、自身を自身と認めることが、それ自体幸福であることのはずだ。

自分について「好き」「嫌い」を言えると思っている人も多いが、「自分」とは、たんに自分なのであって、それについて好き嫌いを言えるような別のものではない。「運命は性格にあり」、とは芥川の言葉だが、そう言った彼は自殺した。自身の運命すなわち性格に、よく耐え得なかったのだろう。不幸のゆえに自殺する人は不幸である。幸福のゆえに自殺する人は幸福である。幸福も不幸もその人の性格にしかないのだから、そのような「性格」こそ、正当にも「魂」と呼ばれるべきそれである。私なら、こう言いたい。「宿命は魂にあり」。

「宿命」を、あらかじめ定められた不自由、自由に対立する必然と思うなら、それは間違っている。必然は自由の対立項ではない。必然を必然と認識するから、それに沿うことで人は自由なのだ。必然を必然と認識しないから、それを拒むことで人は不自由なのだ。努力することを不自由と思うなら、それは必然を認識していないからで、そうでなければ、不自由であることが幸福であることになってしまう。不自由な幸福、そんなものは考えられない。

人が、自身の宿命を認識し、それに沿い、その実現のために為される努力、これが幸福だ。悪人であるという宿命もあるのではないか、そんなのは屁理屈だ。悪人は自身の悪を認識していない、つまり自身を認識していないのだから、したがってそれは彼の宿命ではない。たんに努力をしていないだけである。

人はいかにして自身の宿命を認識すべきか

宿命は魂にあるのだから、「己《おの》が魂」を、まずよく認識することである。

人生は終わらない

考えることと信じることとは相反すると、さんざん私は言ってきた。考える、すなわち疑うということは、考えることなく信じ込んでいる信仰の対極にある、したがって、にせ宗教の跋扈《ばっこ》するこのような時代こそ、考えることが必要なのだと。

ところで、「考える」というのは理性の機能であり、「信じる」というのは、理性以前か理性以後、どちらかの状態であるとも私は言った。その見究めのためにこそ、理性の機能が必要なのだと。

私は、自分が極端な理性の人であることを自覚していて、自分の妙な性癖が呪わしいと、韜晦《とうかい》して前項では言ったけれども、これは具体的には、突出しすぎた自分の理性が邪魔くさいといったことでもある。「わかりすぎる」というのは、それはそれで苦しい部分が、この世では多いのである。「普通との距離が測れない」、つまり多くの人はわからないということがわからない、これがその理由の一面だが、その裏面は、にもかかわらず自分がいったい「何を」わかったのかわからないというこれ、これぞ理性のウロボロス、自分の尻尾をくわえて考え込んでいる蛇の当惑である。

理性の機能は考えることなのだから、何がしか「神」、のようなもの、それがそれである、それがそうである、というところまでは明らかに認識できるのだが、同時に、「ところでそれは何なのだ、いったいそれはどういうことだ」、と再び考え始めてしまうのを止める機能は、理性自身の内部にはないのである。

古人が、理性と信仰との対立という言い方で指摘した事態が、これだろう。考えるという作用は、それ自体が否定の作用だから、自分の足に足払いをかけるようなことを平気でするのである。理性の永久循環運動、わかっちゃいるけどやめられない、これがまあ、馬鹿馬鹿しくも、けっこう苦しい。

けれども、苦しみとは喜びであるとも、知ったふうに私は言った。善くなるための苦しみは、善くなるための苦しみなのだから、苦しみではない。善くなるための苦しみだということを知らないから、人は、苦しみによって苦しむのだと。

善く苦しむことのできる私は幸福である

少しずつだが、最近はそう思う。「神」もしくは善なるものを、理性によって認識し得るからこそ、同時に理性の限界をも認識し得るのであれば、限界を越えるために苦しむことのできる私は幸福である。「恩寵」という美しい言葉が存在していたことを思い出したのも、最近のことである。

じっさい私は、自身の理性の働きに、明白に神的なものを感じることが多い。「神」を指示し、「善」を指示することのできる理性が、それ自身それらの性質を有していないはずがない。理性と信仰、苦しみと喜びの弁証法は、「神」もしくは「善」という至高点を彼方、もしくは自身の中核に見据えているその限り、徒労に終わることはないのである。

ところで、この、「終わることはない」とは、どういうことか。

「魂は存在し続ける」と、理性を超えようとする理性の苦しまぎれに私は言ったが、本書の大団円も近いことだし、こう奥歯にものの挟まったような言い方が、それこそ理性にはいい加減邪魔くさいので、はっきりと言ってみよう。

人生は今回限りではない

人生はこれで終わりではない

これである。この認識の厳しさこそが、善く苦しむための力なのだ。なぜなら、魂の完成形としての「神」もしくは「善」が明らかに見えている限り、人生が今回限りであるにせよ、それは徒労で終わったことにはならないからである。今回は今回で、立派に完結するからである。

どうせ死んでしまうのに

この半端な腹のくくり方が、いかに魂を堕落させることか。

宇宙を絶対受容する

ところで、人生は今回限りではないと言ったところで、「論理的に考えれば」、そんなこと、考えられるわけがない。

死が存在しないのだから、「死後」もまた存在しない。存在するのは常に「現在」だけである。「現在」がすべてである。

けれども、存在しているのは常に「現在」だけ、「現在」がすべてであるというその同じ理由によって、じつは「死後」もまた存在していることになる。なぜなら、「すべて」ということは、文字通り「すべて」、宇宙が存在する、存在が存在する、そのことを指して「すべて」と言うからである。そして、「すべて」ということは、言うところの「なんでもアリ」ということだからである。

論理的思考の領域の外は、「なんでもアリ」、「死後」なんてものは、あろうがなかろうが、どっちでもいいのである。「魂」が残ろうが消えようが、やはりどうでもいいのである。

このように感じているこの状態こそ、おそらく「最終的な」幸福と呼ばれる状態であろうと、私には予想される。苦しみも喜びもまた努力も、そのように認められているというそのことにおいて、じつはいまだに不自由なのである。「なんでもアリ」ということは、なんでもあり、何がどうであろうと構いやしない絶対自由なのだから、苦しみは別に喜びではなく、喜びがとくに喜びというわけでもない。善くなるための努力とて、とりたてて努力というほどのことでもないであろう。

幸福とは、要するに、なんでもいいのである

あれ、振り出しへ戻ってしまった

けれども、振り出しへ戻っても、これだけは違うのは、「なんでもいい」と思っているというまさにこのことであって、絶対自由とは、別名、絶対受容ということに

なる。何がどうであろうと宇宙がそのようであるということを受容しているその状態の幸福は、宗教的には、「至福」というふうに呼ばれているようである。禅仏教のクソ坊主は、「大悟」などとヌカして舌を出している。

したがって、大悟して振り出しへ戻ったそのような人は、とくに何をも為さないだろう。才能の人は才能を為し、凡庸の人は凡庸を為し、各々自分の職分と持ち分において為すべきことを為し、とくに何を為すというわけではないだろう。

私とて、なんでこんなことをしているのか、ほんとのところはよくわかっていないのである。いつも偉そうなことを言ってはいるが、ほんとは、なんにも、したくない。じいっと宇宙を感じたままで、指一本動かしたくなかったりするのである。しかし、まったくなんにもしないというのも、それはそれでけっこう難しいもので、とりあえずはまあ何かをする。何かをするにしても、得手不得手というのは自《おの》ずからあり、私はこれしかする気もないしで、それでなんだかこんなことをしているというのが正直なところだったりするのである。表向きはいちおう「世のため」

ということにしてはいるが、またじじつ必ず世のためにはなるのだが、「宇宙のほんと」がよくわからない限り、ほんとは「何の」ためなのか、やはりよくわからないというのが正確なところなのである。

けれども、それでも、まあいいか

そんなふうに私は感じる。どう頑張っても、我々の認識は、宇宙を全的に「理解」するには絶対に至らないのである。「いかなる理由があるにせよ」、自分がこの人間であり、為すべきことを為している。このことは、それだけで、十分なんらか幸福なことではあるまいか。そんなふうに感じつつある昨今である。

どうやら、「幸福」について語ることほど、人が己《おの》れを晒《さら》してしまうことはなかったようである。また、人が「幸福」について語るのを聞くより、自分が幸福になるほうが幸福のはずでもある。

こればかりは、お役に立てませんようで、ごめんあそばせ。

エピローグ——信じよ

ただ真実を知ることをのみ希《ねが》うのなら
さらに、疑え
いっとう最初に、なにを偉そうに私は言った。

ならば、いまや我々は、そも「疑う」とはどういうことだったのか、何かについて「考える」とはどういうことだったのか、これをこそ疑い、考えてみるべきときである。そも人が何かを疑い、その疑いから考え始めるためには、そこに何が必要か。

古典的には、

「驚き」

という言い方が為されている。人が何かを疑い、その疑いから考え始めるためには、その何かへの驚きがまず必要なのだ、哲学は驚きからのみ始まり得ると。

むろん、驚きは必須の条件である。しかし、人が何かに驚いて考え始めるためには、なお必要なものがある。それを欠いては、考えるどころか驚くことさえできないものがある。それは、何か。

ほかでもない。その「何か」である。人が何かに驚き、その何かについて考え始めるための、その「何か」、それがあるのでなければ、人はその何かについて驚き考え始めることは絶対にできない。あらゆる懐疑とあらゆる思考に絶対的に先立つもの、それは、その何かが「在ること」、すなわち「存在」である。

存在を疑うためには、存在を信じていなければならない。「疑う」ということは、裏返し、「信じる」ということなのである。むろん、この「信じる」は、信仰の信ではなくて、確信の信、この話は「わかる」の章に詳しいです。人は、やたらめったら疑うことはできない。それが正当な懐疑であるなら、必ずそれは正当な確信に基づき、したがって、その確信のさらなる強化となるはずなのだ。

ところで、この書物は「人生論」であった。それではいまこそ、人生とは、何ぞや。

たったのひとこと、

生《ある》と死《ない》と生成《なる》

である。これぞ、逃げも隠れもできない「存在」の不思議、正当なる人生論は、必ずや存在論やがては壮大な宇宙論となる。凡百の人生論が、人生論としてくだらないのは、それが存在論にも宇宙論にもなり得ていないからだったということが、おわかりいただければ、幸い。

とはいえ、この書物、人生論のくせして、「残酷」という目ざわりな形容がついてもいるのだった。けれども、人生すなわち存在を疑うためには、人生すなわち存在を、じつは信じているはずだった。さてでは、人生を人生と信じることの、存在を存在と認めることの、いったいどこが、残酷か。

私は、自分の本来的な性癖がそうなので、「考える」ことの重要さを強調してきたけれども、本当は、これらのことは、とくに論理的に考えようと努めなくても、素直に感じられてさえいるなら、じつはそれで十分なのだ。自分が居て宇宙が在るということは、なんと神秘か不思議なことかと、普通に感じられてさえいるなら、答えはそこに尽きているのだ。そしてこのことは、まさにその理由によって、残酷なことでも優しいことでもない。あるいは同じ理由によって、残酷なことでも優しいことでもある。

大事なのは、神秘と感じるその感覚を、最期すなわちあり得ない死のそのときまで手放さないこと、決して何かの説明にすり替えて、わかった気にはならないことだ。人生が存在するということの神秘は、どこまでも味わわれるべきであって、説明してしまうにはあまりに惜しい。

したがって、いまやこう言い換えてもいい。

ただ真実を知ることをのみ希うのなら

たんに、信じよ

あとがき

「神託《オラクル》」とは、もと、合理と非合理のあわい、理性以前のものを感知した理性が、理性の言語によってそれを語ったものを言います。したがって、読者の方には、語られている言葉の、その出でくる源のほうをこそ努めて感じるような読み方をしていただきたい。これが、著者の側からの、言ってみれば唯一のお願いということになります。あるいは、最初はよくわからなくても、子供がお経を諳《そら》んじるように諳んじているだけでも、あるときふと「わかる」ということも、あるかもしれない。

とはいえ、決して、答えの書物ではありません。どこまでも、問いの書物です。二千五百年前、理性《ロゴス》の人ソクラテスが啓示を受けたというデルフォイの神託もまた、こう問いかけたのみでした。「汝自身を知れ《グノーティ・サウトン》」。

本書、半分は、朝日新聞社のオピニオン誌「Ｒｏｎｚａ」にて、「新世紀オラクル」のタイトルのもと、九五年四月号から九七年六月号まで連載したものです。少々の加筆をしてあります。あと半分は書き下ろし、目次は単行本化に際し、バラして組み直しましたので、念のため初出を各項の末尾に記載しておきました。

四百字詰四枚弱という凝縮的分量の累積的集合であるうえ、なんだかんだと足かけ四年たっているので、内容上に若干の重複はあるかと思います。また、スタンスむしろニュアンスにも、若干の相違が生じています。これは、いまなお考え続けている証左ですので、そのようなものとして、文字通り「味読」していただければ嬉しく思います。

「Ｒｏｎｚａ」連載中は、このような唐突きわまりない言葉のための場所を提供してくださった前編集長の鴨志田恵一氏、ならびに毎回的確な批評をくださった担当の坂田茂久氏に、御礼申し上げます。そして、以前から私の仕事の方向性に熱烈な共感を示してくださっていた、情報センター出版局の田代靖久氏と本書を仕上げることができたことは、物書きとして誠に幸いなことでした。また、年来の知己である写真家の浜昇氏は、作品を快くお貸しくださいました。あわせて御礼申し上げます。

一九九八年一月

著者

知ることより考えること——たとえば、池田晶子の本

池田晶子・著作案内
Information & Bibliography

人生があるという不思議な味わい

『暮らしの哲学』毎日新聞出版——2007年6月

人生という不可解な旅を生きるすべての人へ——「精神の歳時記」ともいえる文芸の新境地。

著者、最後の一年間の息づかい。

『私とは何か　さて死んだのは誰なのか』講談社――２００９年４月

「考える」こと、その原点がここにある。「誰でもない私」の視点で世界を見れば、すべての本質が見えてくる。少女期の創作「空を飛べたら」一篇を併録。

『魂とは何か　さて死んだのは誰なのか』トランスビュー――２００９年２月

その人は、なぜその人なのか？

「魂」と名付けた不思議な気配を、哲学が辿りついた感じる文体で語りだす。旧著『魂を考える』の増補新版。著者の独創。

『魂を考える』法藏館――１９９９年４月［絶版］

『死とは何か　さて死んだのは誰なのか』毎日新聞出版――２００９年４月

人生が存在しているのは「死」という謎があるからだ。謎を味わい問い続けてゆく、果てしない精神の物語。最後の講演草稿と自筆原稿作品を収載。

悩むな、考えろ！――「メタフィジカル・エッセイ」

『人間自身考えることに終わりなく』新潮社――２００７年４月

『知ることより考えること』新潮社――２００６年10月

『勝っても負けても41歳からの哲学』新潮社――2005年8月

『41歳からの哲学』新潮社――2004年7月
「平和な時でも人は死ぬ」「信じなくても救われる」「この世に死んだ人はいない」。
生きる意味を問い直す、週刊新潮連載、大人のための痛快哲学エッセイ。
最終巻に、自ら記した「墓碑銘」を収載。

『あたりまえなことばかり』トランスビュー――2003年3月
切れ味鋭い文章と疾駆する思考が世の常識を鮮かに徹底的に覆す。
著者が確立した、極上の哲学エッセイの世界。

『ロゴスに訊け』KADOKAWA――2002年6月
「なぜ、善は存在するのか」――形而上と形而下のはざまで。現代人に贈る思索の入り口。

『考える日々　全編』毎日新聞出版――2014年11月
時代がどう移り変わっても考える人は揺るがない。考えることは、どんな困難も越えてゆく。
第一集の刊行から十数年、静かに版を重ねる奇跡の時評集。

『考える日々』毎日新聞出版――1998年12月

『考える日々II』毎日新聞出版――1999年12月

『考える日々III』毎日新聞出版――2000年12月

『睥睨するヘーゲル』講談社――1997年1月
「考える言葉」が世界をひらく。世に溢れる全勘違いを粉砕するメタフィジカル・エッセイ。

対話してますか?――そこに言葉が生まれ、驚きと出会う

『無敵のソクラテス』新潮社――2010年1月
著者の独創のひとつは「対話篇」の再創造だ。

名著『帰ってきたソクラテス』に始まる対話篇の全貌が、ついにこの完全版で明らかに。

創作した対話篇シリーズ(左記)のすべてを、生前の著者の意図に沿って一冊に再構成。

巻末に池田晶子・選「大人のための哲学書案内」も併録。いま蘇る、史上最強の対話術。


『帰ってきたソクラテス』新潮文庫――2002年4月[絶版]

『帰ってきたソクラテス』新潮社――1994年10月[絶版]

『ソクラテスよ、哲学は悪妻に訊け』新潮文庫――2002年9月[絶版]

『悪妻に訊け 帰ってきたソクラテス』新潮社――1996年4月[絶版]

『さよならソクラテス』新潮文庫――2004年4月[左記の文庫版・絶版]

『さよならソクラテス』新潮社――1997年12月〔絶版〕

『君自身に還れ 知と信を巡る対話』共著・大峯顯　本願寺出版社――2007年3月
宗教学者にして俳人の大峯顯氏との対談。宗教、言葉、死、救いなど、現代の知と信を巡る諸問題を、宗教と哲学の二つの立場から鋭く問い詰め、語り合う。

『新・考えるヒント』講談社――2004年2月
小林秀雄と池田晶子、思惟する魂の宿命的な出会いが生んだ「正しく考える」ためのヒント。著者だから為し得た、考える姿の「本歌取り」。

『死と生きる 獄中哲学対話』〔共著・陸田真志〕新潮社――1999年2月
生きるべきか死ぬべきか？　殺人で死刑判決の共著者が、「善く生きる」ための対話を著者に投げかける。息詰まる言葉《ロゴス》の劇《ドラマ》が始まった。

『メタフィジカル・パンチ』毎日新聞出版――2014年11月
小林秀雄への尽きぬ想いとともに、考える人々を生き生きと読み解く人物批評。初期の名著を・新編集で復刻！

『メタフィジカル・パンチ 形而上より愛をこめて』文春文庫――2005年2月〔絶版〕

『メタフィジカル・パンチ 形而上より愛をこめて』文藝春秋――1996年11月〔絶版〕

『オン！ 埴谷雄高との形而上対話』講談社――1995年7月
二つの「よく似た意識」の遭遇が生んだ画期的対話。著者の処女論考「埴谷論」の決定稿他を収録。

哲学はお好き？・――哲学の歴史を旅すれば

『人生は愉快だ』毎日新聞出版――２００８年11月
古今東西の、死を問い続ける思索者たちの言葉を味わい尽くし、意表を突く人生相談で人生の妙味を語る。死の精神史が描かれた驚異の未発表作品。

『２００１年哲学の旅』［池田晶子・編・著　永沢まこと・絵］新潮社――２００１年３月
ギリシャ、トルコ、ドイツ……、「哲学の聖地巡り」を実際に楽しみながら、その神髄をやさしく学ぼう。著者ならではのコンプリート・ガイドブック。

『考える人　口伝《オラクル》西洋哲学史』中公文庫――１９９８年６月
学術用語によらない日本語で、永遠に発生状態にある「哲学」の姿を損なわずに語る大胆な試み。１９９４年刊行のベストセラーの文庫版。

『考える人　口伝《オラクル》西洋哲学史』中央公論新社――１９９４年９月［絶版］

考える生活――未来のあなたへ

『14歳の君へ　どう考えどう生きるか』毎日新聞出版――２００６年12月
迷っている心に、自ら考える力を。中学生へ向けて平易な言葉で書かれた「人生の教科書」。

『人生のほんとう』トランスビュー――2006年6月
ときに厳しく、また優しく、多くの人に肉声で語りかけた、心ゆさぶり胸を打つ六つの講義。

『14歳からの哲学　考えるための教科書』トランスビュー――2003年3月
善悪・自由・愛・生と死……人生、一度は考えるべき三十の問いに真正面から答える現代の古典。

『残酷人生論』毎日新聞出版――2010年11月
あなたは、まだ知らないのか？　生きて「いる」ということの意味を。

大人のための哲学を語る、魂の一冊。未収録一篇を加え再構成した増補新版。

『残酷人生論　あるいは新世紀オラクル』情報センター出版局――1998年3月［絶版］

『リマーク　1997-2007』トランスビュー――2007年7月
存在そのものに迫る、謎の思索日記。旧著に、亡くなる前一ヵ月分の新稿を付した増補新版。

『REMARK』双葉社――2001年2月［絶版］
思索の原形の言葉たち。

『メタフィジカ！』法藏館――1992年4月［絶版］　本書所収の作品各篇は、以後の各書籍に収載。

『事象そのものへ！』［新装復刊］トランスビュー――2010年2月

思考の発生と運動を非人称かつ詩的な言葉で記し、天才の登場を鮮烈に告げた記念碑的作品。著者の原点。

『事象そのものへ！』法藏館――1991年7月［絶版］

『犬の力を知っていますか？』毎日新聞出版――2015年8月

なぜ・かくも犬と酒は愛おしいのか！　犬と酒をめぐる池田晶子のアンソロジー。

『幸福に死ぬための哲学―池田晶子の言葉』講談社――2015年2月

人生を変える・ゆるぎない言葉がここにある――。池田晶子の人生のエッセンスを集めた一冊。

『絶望を生きる哲学―池田晶子の言葉』講談社――2017年5月

どんな時代にも強く生きるヒント！　政治や社会など現実の事象に向けた著者の眼差しが実感できるユニークな「言葉集」。

"To be Continued"

考える精神は、誰のものでもなく、不滅です。

「(池田晶子記念)わたくし、つまりNobody賞」は、次の各氏が受賞された。
第1回(2008年):川上未映子氏
第2回(2009年):大竹伸朗氏
第3回(2010年):古処誠二氏 (特別賞:杉原美津子氏)
第4回(2011年):大澤信亮氏
第5回(2012年):大野更紗氏
第6回(2013年):宮内悠介氏
第7回(2014年):宇田智子氏
第8回(2015年):ヨシタケシンスケ氏
第9回(2016年):武田砂鉄氏
第10回(2017年):栗原康氏
第11回(2018年):金子薫氏
第12回(2019年):小佐野彈氏
第13回(2020年):伊藤亜紗氏
第14回(2021年):上間陽子氏
第15回(2022年):荒井裕樹氏
第16回(2023年):町田樹氏
第17回(2024年):永井玲衣氏

本書は、同賞の運営団体である
特定非営利活動法人わたくし、つまりNobodyの編纂による。

池田晶子公式ページ
https://www.nobody.or.jp/

池田晶子
いけだ あきこ

1960年(昭和35年)8月21日、東京の一隅に生を得る。

1983年(昭和58年)3月、慶應義塾大学文学部哲学科倫理学専攻を卒業。

文筆家と自称する。池田某とも。

専門用語による「哲学」から哲学を解放する一方で、驚き、そして知りたいと欲してただひたすら考える、その無私の精神の軌跡をできるだけ正確に表わすこと——。すなわち考えるとはどういうことであるかを、そこに現われてくる果てしない自由の味わいとともに、日常の言葉で美しく語る「哲学エッセイ」を確立し、多くの読者を得る。とくに若い人々に、本質を考えることの面白さ、形而上の切実さを、存在の謎としての生死の大切を、語り続ける。

新宿御苑と神宮外苑の四季風景を執筆の伴とし、富士山麓の季節の巡りのなかに憩いを得て遊ぶ。

山を好み、先哲とコリー犬、そして美酒佳肴を生涯の友とする。


2007年(平成19年) 2月23日、夜。大風の止まない東京に、癌により没す。

著作多数。さいごまで原稿用紙とボールペンを手放すことなし。

いながらにして宇宙旅行。出発にあたり、自らたって銘を記す。

「さて死んだのは誰なのか」。

その業績と意思を記念し、精神のリレーに捧げる
「わたくし、つまりNobody賞」が創設された。

[編者について]
特定非営利活動法人(NPO法人)わたくし、つまりNobodyは、
文筆家・池田晶子の没後、その著作物の承継と校訂、編纂を担うために、
また、「(池田晶子記念)わたくし、つまりNobody賞」の顕彰活動のために、
2008年2月、有志によって設立された。こん日では、全国から多くの読者が
会員として参加し、その活動を支えている。

「わたくし、つまりNobody賞」は、生前の著者の発想に基づき創設された。
ジャンルを問わずひたすら考えること、それを言葉で表わし、結果として
新たな表現形式を獲得しようとする人物の顕彰と応援を目的とし、毎年、
3月3日に公開の表彰式が行なわれている。

この本は、池田晶子著『残酷人生論 あるいは新世紀オラクル』(1998年3月刊/情報センター出版局・絶版)の増補新版です。

旧著と同様、著者が、雑誌「Ronza」(朝日新聞社)の1995年4月号から1997年6月号に「新世紀オラクル」のタイトルのもとに連載した諸篇と、旧著の刊行に際して書き下ろした諸篇を網羅し、これに、同誌の創刊準備号(1994年12月号)に著者が寄稿した未収録作品「思い悩むあなたへ 新世紀オラクル」の一篇を加え、全体を校訂し、再構成したものです。
新版刊行に際し、新たに著作案内と著者略歴を付しました。

なお、旧著に挿画されていた浜昇氏の写真作品については、今回の新版では割愛しました。

編者

残酷人生論

第1刷2010年11月15日
第7刷2024年 6 月30日

著者
池田晶子

編者
NPO法人わたくし、つまりNobody

装幀
日下充典

発行人
山本修司

発行所
毎日新聞出版
〒102-0074東京都千代田区九段南1-6-17 千代田会館5F
営業本部03-6265-6941 図書編集部03-6265-6745

印刷
精文堂

製本
大口製本

ISBN978-4-620-32022-9